Descubra Juegos Gratis Online

Disponibles Aquí:

BestActivityBooks.com/FREEGAMES

5 CONSEJOS PARA EMPEZAR

1) CÓMO RESOLVER LAS SOPA DE LETRAS

Los rompecabezas tienen un formato clásico:

- Las palabras se ocultan sin espacios ni guiones,...
- Orientación: Las palabras pueden escribirse hacia delante, hacia atrás, hacia arriba, hacia abajo o en diagonal (pueden estar invertidas).
- Las palabras pueden superponerse o cruzarse.

2) APRENDIZAJE ACTIVO

Junto a cada palabra hay un espacio para anotar la traducción. Para fomentar un aprendizaje activo, un **DICCIONARIO** al final de esta edición te permitirá comprobar y ampliar tus conocimientos. Busca y anota las traducciones, encuéntralas en el puzzle y añádelas a tu vocabulario!

3) MARCAR LAS PALABRAS

Puedes inventar tu propio sistema de marcado. ¿Quizás ya usas uno? También puedes, por ejemplo, marcar las palabras difíciles de encontrar con una cruz, las que te gustan con una estrella, las nuevas con un triángulo, las raras con un diamante, etc.

4) ESTRUCTURAR EL APRENDIZAJE

Esta edición ofrece un **CUADERNO DE NOTAS** muy práctico al final del libro. En vacaciones, de viaje o en casa, podrás organizar fácilmente tus nuevos conocimientos sin necesidad de un segundo cuaderno!

5) ¿HABÉIS TERMINADO TODAS LAS PARRILLAS?

En las últimas páginas de este libro, en la sección **DESAFÍO FINAL**, encontrarás un juego gratis!

¡Rápido y sencillo! Echa un vistazo a nuestra colección de libros de actividades para tu próximo momento de diversión y aprendizaje, ¡a sólo un clic de distancia!

Encuentre su próximo reto en:

BestActivityBooks.com/MiProximoLibro

En sus marcas, listos, ¡Ya!

¿Sabías que hay unas 7.000 lenguas diferentes en el mundo? Las palabras son preciosas.

Nos encantan los idiomas y hemos trabajado duro para crear libros de la más alta calidad para tí. ¿Nuestros ingredientes?

Una selección de temas adecuados para el aprendizaje, tres buenas porciones de entretenimiento, y luego añadimos una cucharada de palabras difíciles y una pizca de palabras raras. Los servimos con cariño y máxima diversión para que puedas resolver los mejores juegos de palabras y te diviertas aprendiendo!

Tu opinión es esencial. Puedes participar activamente en el éxito de este libro dejándonos un comentario. Nos encantaría saber qué es lo que más le ha gustado de esta edición.

Aquí hay un enlace rápido a tu página de pedidos:

BestBooksActivity.com/Opiniones50

Gracias por tu ayuda y diviértete!

Todo el equipo

1 - Ajedrez

```
V  I  X  S  B  Z  K  O  N  I  N  G  I  N
D  E  I  O  L  Z  W  A  R  T  E  I  P  A
L  E  R  E  N  I  O  T  M  T  V  I  A  W
S  P  E  L  A  M  M  P  O  P  Z  G  S  Z
T  O  E  R  N  O  O  I  P  W  I  T  S  S
S  Q  Q  G  O  O  X  H  U  H  D  O  I  N
T  E  G  E  N  S  T  A  N  D  E  R  E  A
R  E  G  L  E  M  E  N  T  O  O  H  F  N
A  E  J  K  Z  O  F  F  E  R  A  M  E  A
T  P  G  N  O  O  F  B  N  V  Q  H  M  R
E  S  M  D  K  N  S  Q  D  E  D  E  G  O
G  V  H  T  S  D  I  A  G  O  N  A  A  L
I  T  D  F  F  P  L  N  D  O  R  V  A  Z
E  H  S  P  E  L  E  R  G  T  I  J  D  M
```

LEREN	TEGENSTANDER
WIT	PASSIEF
KAMPIOEN	PUNTEN
DIAGONAAL	REGLEMENT
STRATEGIE	KONINGIN
SLIM	KONING
SPEL	OFFER
SPELER	TIJD
ZWART	TOERNOOI

2 - Agua

```
O C E A A N B D J I A K H S
D V S T O O M F O O J U D N
K R E M O E S S O N P S O E
A E I R M E E R I V I E R E
N G R N S O H A T Y D G K U
A E R D K T D V Q R O O A W
A N I S D B R W P Q U L A V
L T G L T K A O U N C V N O
R W A V Y D N A M E H E V C
Z M T P O M B M R I E N O H
C H I G E I S E R G N Z R T
O V E R D A M P I N G G S I
V O C H T I G H E I D A T G
Q G C X M K X D U C G B J Y
```

KANAAL   MEER
DOUCHE   REGEN
VERDAMPING   MOESSON
GEISER   SNEEUW
VORST   OCEAAN
IJS   GOLVEN
VOCHTIGHEID   DRINKBAAR
ORKAAN   IRRIGATIE
VOCHTIG   RIVIER
OVERSTROMING   STOOM

3 - Granja #2

```
O V Y P N M G B L D B S X L
U T S C H U U R P I O C U V
N F R I E F B T N E O H A C
M E L K R R L R N R M A H M
A W A O D U M A J E G A M Y
Ï A M K E I C C M N A P S B
S S A O R T Q T M L A U P U
W B I J E N K O R F R Y P L
E T A R W E N R S W D A Y U
I R R I G A T I E B K V F Y
D X A V O E D S E L O Z J R
E E N D V G R O E N T E R J
C C O G Q K U S I V W M R W
O S Q I K U A K T A M Q Y W
```

BOER   LAMA
DIEREN   MAÏS
GERST   SCHAAP
BIJENKORF   HERDER
VOEDSEL   EEND
LAM   WEIDE
FRUIT   IRRIGATIE
SCHUUR   TRACTOR
BOOMGAARD   TARWE
MELK   GROENTE

4 - Mueble

```
Y Q D P L A N K E N J B D G
C Q S E K U S S E N F U R E
V G H M K K U S S E N S E J
F U T O N B N P B X H H S Q
S D U M B O E K E N K A S T
W U R S B E D D B A N K O G
F A U T E U I L D Y T B I O
M C J W L B M T F E J U R R
S P I E G E L A M P N R T D
T T W C O E O Y T J R E A I
B G O M D B Q E X R Y A P J
W E Z E H I P T M N A U I N
D A J Z L P T U R K D S J E
H A N G M A T F H G F Y T N
```

TAPIJT   BUREAU
KUSSEN   SPIEGEL
BANK   BOEKENKAST
BED   PLANKEN
KUSSENS   FUTON
MATRAS   HANGMAT
GORDIJNEN   LAMP
DRESSOIR   STOEL
DEKBEDDEN   FAUTEUIL

5 - Pesca

```
O W U U W Y A A S E J T C A
V A V I N N E N Y R J Q J P
E T R C G R P E D I G A Y P
R E Q C D E Y Q T V Q G A A
D R A A D A W J H I K E X R
R U K M V R U I D E A D E A
I O C E A A N I C R A U P T
J H D E K N O F G H K L Z U
V V I R O I D C J E T D N U
I S U L K K E S T R A N D R
N B O O T A E U U T C Z Q D
G Z L F E X D Q W R Y S H D
F T R E S E I Z O E N F Z Q
A K D V H A A K D D N I O M
```

WATER	HAAK
VINNEN	MEER
BOOT	KAAK
KIEUWEN	OCEAAN
DRAAD	GEDULD
AAS	GEWICHT
MAND	STRAND
KOK	RIVIER
APPARATUUR	SEIZOEN
OVERDRIJVING	

6 - Aviones

```
O N T W E R P P J C H H C B
B N A V I G E R E N O P W V
L E B R A N D S T O F M N B
U A M W P I L O O T H E E O
C V R A A T M O S F E E R U
H O I T N R L T C L M N Z W
T N C E L N N R J O E H X T
L T H R R O I U B A L L O N
K U T S D L B N D R A H A O
I U I T I R G B G Y N X T M
T R N O E W B I O T D O N X
U E G F T J G U Q U E W E G
P R O P E L L E R S N O V R
E D K M O T O R H O O G T E
```

LUCHT
HOOGTE
LANDEN
ATMOSFEER
AVONTUUR
HEMEL
BRANDSTOF
BOUW
RICHTING

ONTWERP
BALLON
PROPELLERS
WATERSTOF
MOTOR
NAVIGEREN
PILOOT
BEMANNING

7 - Tipos de Cabello

```
X  T  B  G  W  K  Z  I  K  J  M  L  G  K
A  D  J  L  R  A  W  U  O  F  P  X  E  R
P  J  Y  D  O  I  Y  Y  R  U  S  P  V  U
Q  W  L  I  A  N  J  L  T  J  M  M  L  L
O  O  L  K  S  V  D  S  Q  I  Z  R  O  L
Z  W  A  R  T  Z  U  H  X  M  F  V  C  E
A  W  N  K  M  D  X  S  C  V  C  Z  H  N
C  U  G  L  I  M  M  E  N  D  W  I  T  D
H  D  I  O  G  E  Z  O  N  D  D  L  E  A
T  K  R  U  L  L  E  N  L  G  R  V  N  K
B  R  U  I  N  V  D  U  N  N  O  E  W  A
D  U  T  C  K  V  E  Q  E  Y  O  R  S  A
C  V  E  L  C  I  G  N  Z  J  G  P  K  L
V  L  E  C  H  T  E  N  D  R  W  G  H  D
```

WIT	GOLVEND
GLIMMEND	ZILVER
KAAL	KRULLEND
KORT	KRULLEN
DUN	BLOND
GRIJS	GEZOND
DIK	DROOG
LANG	ZACHT
BRUIN	GEVLOCHTEN
ZWART	VLECHTEN

8 - Ciencia Ficción

```
P U K V B I O S C O O P Q F
L O R A K E L Q M H T A M U
A B O T D X X L K M C U Y T
N Q B O Q T Y P U D B W S U
E J O O Q R H Q L S B G T R
E W T M R E B X H O I M E I
T T S R S E K U V D S E R S
B R A N D M Q W P T P I I T
K O W E R E L D U D P W E I
P H E S C E N A R I O I U S
X J Y K U T O P I E M U S C
V E R R E A L I S T I S C H
Q S U D E N K B E E L D I G
W W F A N T A S T I S C H G
```

ATOOM
BIOSCOOP
VER
SCENARIO
EXPLOSIE
EXTREEM
FANTASTISCH
BRAND
FUTURISTISCH
ILLUSIE

DENKBEELDIG
BOEKEN
MYSTERIEUS
WERELD
ORAKEL
PLANEET
REALISTISCH
ROBOTS
UTOPIE

9 - Juguetes

```
U  M  C  R  V  V  E  R  F  V  T  C  M  D
Y  E  J  U  N  E  P  O  P  L  V  Y  P  U
S  L  D  L  X  R  G  B  R  I  G  O  R  I
N  Y  I  P  T  B  A  O  T  E  X  V  X  D
L  V  G  A  M  E  S  T  S  G  V  G  A  P
F  L  Z  B  R  E  B  C  K  E  S  G  M  B
D  I  D  O  K  L  E  I  H  R  Z  Y  B  O
R  E  E  O  N  D  T  C  R  A  H  A  A  E
U  G  S  T  B  I  R  U  V  U  A  I  C  K
M  T  B  A  S  N  E  T  H  T  L  K  H  E
S  U  N  A  T  G  I  Q  V  O  J  C  T  N
A  I  X  H  L  P  N  K  P  U  Z  Z  E  L
D  G  V  R  A  C  H  T  A  U  T  O  N  E
F  A  V  O  R  I  E  T  K  I  S  J  N  K
```

SCHAAK	FAVORIET
KLEI	VERBEELDING
AMBACHTEN	GAMES
VLIEGTUIG	BOEKEN
BOOT	POP
FIETS	VERF
BAL	ROBOT
VRACHTAUTO	PUZZEL
AUTO	DRUMS
VLIEGER	TREIN

10 - Circo

```
T O E S C H O U W E R S Q B
R Y G M O T L L X Y K N D A
U G V T L A E E A O O O K L
C M P S I L E N N A S E C L
S K I D F J U G T C T P L O
B T F I A D W P J R U D O N
L J C E N N K A O O U V W N
M B D R T P K R N B M E N E
V A K E U W Y A G A B R Y N
M Q G N Y V A D L A P M H L
M U Z I E K A E E T X A A D
T I J G E R P F U T Q K Z Z
T A C D P Q F B R F W E Q P
B G O O C H E L A A R N V Z
```

ACROBAAT	MAGIE
DIEREN	GOOCHELAAR
SNOEP	JONGLEUR
TENT	AAP
PARADE	LAAT
OLIFANT	MUZIEK
VERMAKEN	CLOWN
TOESCHOUWER	TIJGER
BALLONNEN	KOSTUUM
LEEUW	TRUC

11 - Rellenar

```
Y G K K O F F E R A B D F C
H M M A P N H A Y X J I L P
P O T R B L J J A K U E E I
E L C T U E I B R N E N S J
L N Q O I M K Z J V A B C P
G A V N S M Z K Y D H L Q B
W N D E A E I N E S K A V M
S Q L E L R J X V N Y D A A
U C T G H O I I J W M V A T
M E Y I U E P I E M U B S K
Q L D U M Z A K J D K I I O
Z V H N N X K M A N D L M E
R I K C R B J M B L U Z V G
D O O S H C E B C J F P K H
```

DIENBLAD	EMMER
VAT	BEKKEN
ZAK	VAAS
FLES	KOFFER
DOOS	PAKJE
LADE	ENVELOP
MAP	POT
KARTON	BUIS
MAND	

12 - Granja #1

```
Z  G  C  V  L  A  N  D  X  K  L  E  E  Y
V  A  W  F  D  A  M  I  C  T  C  D  O  U
H  K  D  P  Y  R  N  D  L  W  X  L  V  Z
M  L  M  E  S  T  Q  D  T  Q  B  H  E  H
P  H  H  O  N  D  P  X  B  K  Q  R  L  P
J  B  U  H  O  N  I  N  G  O  P  U  D  E
K  A  T  A  P  T  J  F  A  Y  U  T  G  Z
H  X  S  Y  S  K  A  L  F  Y  M  W  A  E
B  C  L  S  C  O  R  K  V  H  P  A  T  L
I  X  A  K  G  E  I  T  H  O  E  T  Z  M
J  K  P  I  I  M  P  Y  E  O  M  E  V  N
P  A  A  R  D  P  G  R  K  I  W  R  Q  R
K  R  A  A  I  R  I  J  S  T  N  R  B  B
A  W  N  T  W  O  O  T  X  H  W  T  Y  Y
```

BIJ	KAT
LANDBOUW	HOOI
WATER	HONING
RIJST	HOND
EZEL	KIP
PAARD	ZADEN
GEIT	KALF
VELD	LAND
KRAAI	KOE
MEST	HEK

13 - Camping

```
C M Z B D M A A N D K H A I
W H Y O R I M Y H T O Q P H
R L Q S D P E Y U M M H P V
B R A N D R E R N L P A A A
O J Y A K I R I E I A N R B
L A N T A A R N Z N S G A O
I C V B N O Z A D S D M T C
Y H T O O Q J T L E L A U G
H T Q O N C D U Y C U T U R
H O E D U T A U U T V T R D
B O M E N W U R B W J Q R W
C A B I N E P U E O T J E V
K A A R T M L F R R O N E S
J A B E Y Q L K G U H O B K
```

DIEREN
AVONTUUR
BOMEN
BOS
KOMPAS
CABINE
KANO
JACHT
TOUW
APPARATUUR

BRAND
HANGMAT
INSECT
MEER
LANTAARN
MAAN
KAART
BERG
NATUUR
HOED

14 - Fruta

```
M Z O G G Z E Z X E F B Z P
J E N W U L A I K R R I F E
B C L C A V A V O C A D O R
E E J O V D E N K Y M R R Z
A E S T E L Q O O G B U A I
T O J W H N V F S P O I N K
M A N G O L G V N E O F J L
A C I T R O E N O E S F E V
N P B K C Z Y M O R R U B B
A A P F R Q H C T V E W A I
N P N E C T A R I N E N N T
A A C X L K I W I H G N A P
S J K E R S Z K D L G Y A N
K A H J A B R I K O O S N V
```

AVOCADO   APPEL
ABRIKOOS   PERZIK
BES   MELOEN
KERS   ORANJE
KOKOSNOOT   NECTARINE
FRAMBOOS   PAPAJA
GUAVE   PEER
KIWI   ANANAS
CITROEN   BANAAN
MANGO   DRUIF

15 - Geología

```
A A I P G M O A W G I H K S
S A L A V A I N E R S U H Z
T C R P L J L N T O T Y V W
A A O D Z R U E E T A F V X
L L V N B Y V R H R L A A G
A C B W T E L O K W A R T S
G I G Y E I V S E K C L Z K
M U Z U U R N I I I T I E X
I M N F K B D E N M I I I N
E Z Q S U P S M N G E X Q S
T O C O E U T M U T T K W U
E U G B F C E K O R A A L X
N T P L A T E A U G W E J N
G E I S E R N F O S S I E L
```

ZUUR	STALAGMIETEN
CALCIUM	FOSSIEL
LAAG	GEISER
GROT	LAVA
CONTINENT	PLATEAU
KORAAL	MINERALEN
KWARTS	STEEN
EROSIE	ZOUT
STALACTIET	AARDBEVING

16 - Plantas

```
S K C G Z F B Y X S U T U E
T U A L S E A Z S M K T L T
R D C M O E M R E M B L A D
U T T B E S B Z Z S O G U L
I D U L O W O R T E L R E Z
K O S O O O E T U I N A T N
F T S E O T N U X V U S X N
K V T M B L O E M B L A D K
F L O R A O S I B O S P M L
N A Z R V X O Z O G P R E I
B S N S U O E M S I S M S M
M H G E B L A D E R T E T O
R O X P L A N T K U N D E P
V X S V E G E T A T I E I N
```

STRUIK
BOOM
BAMBOE
BES
BOS
PLANTKUNDE
CACTUS
MEST
BLOEM
FLORA

GEBLADERTE
BOON
KLIMOP
GRAS
BLAD
TUIN
MOS
BLOEMBLAD
WORTEL
VEGETATIE

17 - Suministros de Arte

```
I L E C C A M E R A A K I R
W G O M R B O R S T E L S J
A E C R E A T I V I T E I T
T Q X P A P I E R N V G E H
E H U A C R Y L E K G C F U
R P H A C M V S E T P E I X
U J E A R G G T L O P E D S
P H Z B T E P O T L O D E N
P Y E E A K L E U R E N E B
R A L R F A K L E I J I Ë T
K F S N E O L I E M U Q N W
T X A T L V Z I D N V E R F
V V A L E Z F Y J N D H E Y
G F F J F L P B J M L S V V
```

OLIE	CREATIVITEIT
ACRYL	IDEEËN
AQUARELLEN	POTLODEN
WATER	TAFEL
KLEI	PAPIER
GOM	PASTEL
EZEL	LIJM
CAMERA	VERF
BORSTELS	STOEL
KLEUREN	INKT

18 - Jardín

```
Z S N H E V U Q T R P B R G
T H A Q I X A X C T L D K A
B L O E M K R S P N U I C R
O O V J J M S F B P Q I D A
D A O Y Z C S L A N G D N G
E O R M B O O M N G A M H E
M S N Q G R A S K W Z L N F
Y Y E K X A F I L U O E M V
K S T E R R A S P V N H V E
S C H O P U J R V I J V E R
X H S T R U I K D D H Y I A
H A N G M A T D J B E U Z N
T R A M P O L I N E K J M D
Z K Z V P S N X R O G R I A
```

STRUIK	TUIN
BOOM	ONKRUID
BANK	SLANG
GAZON	SCHOP
VIJVER	VERANDA
BLOEM	HARK
GARAGE	BODEM
HANGMAT	TERRAS
GRAS	TRAMPOLINE
BOOMGAARD	HEK

19 - Países #2

```
D  G  I  O  O  S  T  E  N  R  I  J  K  A
E  R  N  J  A  P  A  N  F  F  X  U  M  U
N  I  D  F  R  A  N  K  R  I  J  K  E  S
E  E  O  O  D  K  P  P  U  T  U  H  X  T
M  K  N  E  W  L  A  O  S  Z  E  S  I  R
A  E  E  G  Q  T  K  R  L  O  P  T  C  A
R  N  S  A  K  Q  I  T  A  P  E  L  O  L
K  L  I  N  P  G  S  U  N  S  J  D  A  I
E  A  Ë  D  M  Z  T  G  D  Y  A  U  A  Ë
N  N  X  A  L  W  A  A  U  R  M  W  L  N
T  D  Z  C  J  O  N  L  U  I  A  A  B  Z
A  E  E  T  H  I  O  P  I  Ë  I  A  A  C
P  W  T  I  E  R  L  A  N  D  C  I  N  H
O  E  K  R  A  Ï  N  E  Z  Q  A  L  I  A
```

ALBANI	JAPAN
AUSTRALIË	LAOS
OOSTENRIJK	MEXICO
DENEMARKEN	PAKISTAN
ETHIOPIË	PORTUGAL
FRANKRIJK	RUSLAND
GRIEKENLAND	SYRIË
INDONESIË	SOEDAN
IERLAND	OEKRAÏNE
JAMAICA	OEGANDA

20 - Tecnología

```
N  J  C  E  S  C  I  B  X  G  J  R  K  Z
N  O  F  P  T  O  L  N  R  R  N  X  Y  N
E  N  B  J  A  M  J  J  T  O  I  I  F  N
V  D  E  H  T  P  X  V  A  E  W  Z  U  H
I  E  R  W  I  U  E  G  C  U  R  S  O  R
R  R  I  T  S  T  Y  E  I  B  N  N  E  P
U  Z  M  L  T  E  S  C  H  E  R  M  E  R
S  O  Z  V  I  R  J  B  K  S  T  R  A  T
O  E  L  Q  E  G  M  Y  C  T  B  L  O  G
F  K  W  N  K  I  H  T  C  A  M  E  R  A
B  E  R  I  C  H  T  E  J  N  X  K  F  H
G  E  G  E  V  E  N  S  I  D  X  Y  C  E
D  I  G  I  T  A  A  L  O  D  F  I  D  S
O  R  F  L  E  T  T  E  R  T  Y  P  E  F
```

BESTAND	INTERNET
BLOG	ONDERZOEK
BYTES	BERICHT
CAMERA	BROWSER
CURSOR	COMPUTER
GEGEVENS	SCHERM
DIGITAAL	VEILIGHEID
STATISTIEK	VIRUS
LETTERTYPE	

21 - Números

```
V  A  Y  U  A  S  V  N  V  C  Z  R  V  V
E  C  D  T  K  N  X  E  J  I  A  L  N  I
E  H  T  Y  L  K  J  G  F  A  E  V  Z  J
R  T  W  A  A  L  F  E  I  Z  L  R  E  F
T  T  I  C  H  R  F  N  G  J  C  F  S  T
I  I  N  H  B  P  W  T  G  U  Q  Z  T  I
E  E  T  T  V  A  W  I  T  W  E  E  I  E
N  N  I  V  E  I  M  E  S  O  T  I  E  N
I  L  G  P  W  T  N  N  Z  Y  Q  N  N  C
V  K  Z  F  D  O  U  D  E  E  B  R  E  T
V  I  J  F  P  R  L  O  S  Z  V  F  G  V
L  R  G  D  E  C  I  M  A  A  L  E  E  F
D  E  R  T  I  E  N  E  M  Q  Y  W  N  P
Y  U  U  X  B  Z  E  V  E  N  T  I  E  N
```

VEERTIEN	TWAALF
NUL	TWEE
VIJF	NEGEN
VIER	ACHT
DECIMAAL	VIJFTIEN
NEGENTIEN	ZES
ACHTTIEN	ZEVEN
ZESTIEN	DERTIEN
ZEVENTIEN	DRIE
TIEN	TWINTIG

22 - Mitología

```
F  K  R  A  C  H  T  D  O  O  L  H  O  F
M  R  A  R  G  S  R  S  V  W  F  F  S  U
F  C  M  C  G  K  N  W  E  Z  E  N  T  N
Y  Z  P  H  E  M  E  L  R  W  Z  X  E  J
W  L  M  E  F  O  I  O  T  O  Y  K  R  X
C  U  L  T  U  U  R  E  U  G  J  B  F  J
N  I  E  Y  H  J  L  E  I  E  A  L  E  X
R  E  G  P  X  E  P  V  G  D  L  I  L  G
A  E  E  E  X  X  L  B  I  R  O  K  I  G
M  O  N  S  T  E  R  D  N  A  E  S  J  L
Z  D  D  O  N  D  E  R  G  G  Z  E  K  G
X  K  E  K  R  I  J  G  E  R  I  M  D  Y
C  R  E  A  T  I  E  G  N  V  E  V  J  S
G  O  D  H  E  D  E  N  W  R  A  A  K  T
```

ARCHETYPE	KRACHT
JALOEZIE	KRIJGER
HEMEL	HELD
GEDRAG	DOOLHOF
CREATIE	LEGENDE
OVERTUIGINGEN	MONSTER
WEZEN	STERFELIJK
CULTUUR	BLIKSEM
GODHEDEN	DONDER
RAMP	WRAAK

23 - Ecología

```
F  I  H  J  O  D  N  P  H  W  S  N  G  O
M  O  E  R  A  S  V  D  A  H  M  X  L  F
N  W  U  B  I  F  M  W  B  M  A  N  O  X
N  V  E  G  E  T  A  T  I  E  R  Y  B  N
N  A  T  U  U  R  P  D  T  S  I  F  A  H
Q  T  C  U  T  V  L  K  A  V  N  L  A  W
D  U  U  R  Z  A  A  M  T  H  I  O  L  B
W  G  X  R  D  O  N  R  F  I  E  R  P  E
T  C  E  E  U  P  T  E  I  A  R  A  A  R
N  I  B  X  F  I  E  Y  T  Ë  U  O  S  G
N  Y  I  P  H  S  N  O  L  C  T  N  O  E
F  X  Y  M  D  R  O  O  G  T  E  E  A  N
K  L  I  M  A  A  T  S  O  O  R  T  I  K
G  M  H  D  I  V  E  R  S  I  T  E  I  T
```

KLIMAAT	BERGEN
DIVERSITEIT	NATUUR
SOORT	MOERAS
FAUNA	PLANTEN
FLORA	DROOGTE
GLOBAAL	DUURZAAM
HABITAT	VARIËTEIT
MARINIER	VEGETATIE

24 - Casa

```
S  B  Z  G  F  T  L  T  S  C  H  O  J  Y
I  L  T  A  P  I  J  T  U  I  N  O  Z  B
H  A  A  R  D  O  U  C  H  E  M  U  U  R
T  K  R  A  A  N  R  A  A  M  Q  B  B  E
H  M  K  G  P  T  E  M  V  Z  D  I  O  S
K  W  C  E  D  K  U  K  P  O  A  B  J  Q
N  C  V  F  U  I  A  T  Y  L  K  L  D  A
O  R  N  C  B  K  K  M  W  D  D  I  N  W
Q  S  P  I  E  G  E  L  E  E  E  O  V  V
I  J  L  J  Z  H  L  N  A  R  U  T  N  L
Q  J  U  G  E  K  D  V  Y  M  R  H  R  O
C  B  O  X  M  K  E  R  R  V  P  E  E  E
O  M  D  P  V  E  R  A  L  J  H  E  K  R
W  C  V  A  P  G  S  J  Z  P  R  K  M  M
```

TAPIJT	KRAAN
ZOLDER	TUIN
BIBLIOTHEEK	LAMP
HAARD	MUUR
KEUKEN	VLOER
SLAAPKAMER	DEUR
DOUCHE	KELDER
BEZEM	DAK
SPIEGEL	HEK
GARAGE	RAAM

25 - Artes Visuales

```
B  P  K  P  W  W  A  S  K  R  W  Z  S  S
C  E  O  R  S  O  R  E  E  W  P  C  C  A
L  Z  E  T  I  G  E  H  R  P  E  N  H  M
K  E  A  L  L  J  D  T  A  F  R  P  I  E
C  L  C  K  D  O  T  R  M  N  S  O  L  N
E  A  N  K  Q  H  O  A  I  B  P  R  D  S
G  R  H  A  N  F  O  D  E  V  E  T  E  T
S  T  E  N  C  I  L  U  K  A  C  R  R  E
B  I  W  D  C  L  E  M  W  Z  T  E  I  L
A  E  J  H  C  M  X  W  U  W  I  T  J  L
F  S  Q  H  K  K  U  T  N  B  E  Z  V  I
N  T  R  V  P  L  H  V  S  F  F  R  M  N
M  E  E  S  T  E  R  W  E  R  K  E  K  G
F  O  T  O  G  I  V  E  R  N  I  S  W  G
```

KLEI	POTLOOD
ARTIEST	MEESTERWERK
VERNIS	FILM
EZEL	PERSPECTIEF
WAS	SCHILDERIJ
KERAMIEK	STENCIL
SAMENSTELLING	PEN
BEELDHOUWWERK	PORTRET
FOTO	KRIJT

26 - Escuela #2

```
A  H  B  O  E  K  E  N  W  I  T  Z  Z  T
C  L  E  R  A  A  R  H  O  B  W  G  O  X
A  G  A  M  E  S  W  V  O  Y  E  X  N  R
D  L  R  H  L  I  T  E  R  A  T  U  U  R
E  E  S  C  H  A  A  R  D  N  E  I  P  E
M  Z  X  V  P  A  P  I  E  R  N  R  H  A
I  E  G  R  Z  O  M  B  N  S  S  U  K  G
S  N  C  C  N  K  I  W  B  Y  C  G  L  P
C  O  M  P  U  T  E  R  O  I  H  Z  E  O
H  V  J  Y  N  K  I  M  E  U  A  A  R  T
K  A  L  E  N  D  E  R  K  B  P  K  E  L
O  O  N  D  E  R  W  I  J  S  U  W  N  O
G  R  A  M  M  A  T  I  C  A  N  S  D  O
B  E  N  O  D  I  G  D  H  E  D  E  N  D
```

ACADEMISCH	BOEKEN
BUS	LITERATUUR
KALENDER	RUGZAK
WETENSCHAP	COMPUTER
WOORDENBOEK	PAPIER
ONDERWIJS	LERAAR
GRAMMATICA	KLEREN
GAMES	BENODIGDHEDEN
POTLOOD	SCHAAR
LEZEN	

27 - Selva Tropical

```
O T O E V L U C H T R B I I
K V R E S P E C T J E E N N
R R E O B M I E J U S H S H
Y I W R W O L K E N T O E E
X Z R B L X K Y S G A U C E
S O O R T E R D A L U D T M
V O Z U X V V Y E R P E S
O G K I K P Z I L Q A C N V
G D D O A L H L N A T U U R
E I S O J Q I T R G I I O S
L E Z F D Q M M E D E L W K
S R N E Z B O T A N I S C H
G E M E E N S C H A P S J J
Y N M D I V E R S I T E I T
```

BOTANISCH
KLIMAAT
GEMEENSCHAP
DIVERSITEIT
SOORT
INHEEMS
INSECTEN
ZOOGDIEREN
MOS

NATUUR
WOLKEN
VOGELS
BEHOUD
TOEVLUCHT
RESPECT
RESTAURATIE
JUNGLE
OVERLEVING

28 - Colores

```
V B F Z Z B L W A K C H G Q
N B F C W L M A Z B E I G E
W T N S L A T H U B R U I N
I T X Y T U R P U L G H H F
T F G V K W C T R Y X D T A
N U R O Z E G Y Z T G I R M
Q C I R S J R H A F V U F A
H H J A T Q O W X A W L X G
N S S N Y T E D S M N G V E
P I R J H A N N I W Q Y X N
S A Y E D S I I N D I G O T
W P A G E E L J A O I X E A
G P R R H B E H L R O O D F
U Q L I S E P I A P I M O U
```

GEEL	MAGENTA
BLAUW	BRUIN
AZUUR	ORANJE
BEIGE	ZWART
WIT	PAARS
CYAAN	ROOD
FUCHSIA	ROZE
GRIJS	SEPIA
INDIGO	GROEN

29 - Adjetivos #1

```
E  N  O  R  M  J  D  J  E  N  A  G  L  A
R  O  N  S  C  H  U  L  D  I  G  R  A  M
N  B  E  L  A  N  G  R  I  J  K  O  N  B
S  E  E  R  L  I  J  K  V  J  D  O  G  I
T  M  L  L  E  K  C  F  K  U  C  T  Z  T
I  A  R  O  M  A  T  I  S  C  H  G  A  I
G  H  B  Y  T  I  J  N  Z  O  A  U  A  E
P  E  R  F  E  C  T  O  N  S  C  L  M  U
B  L  I  J  A  X  K  U  N  U  T  M  D  S
W  D  A  K  A  Y  O  Q  M  G  I  O  O  S
M  E  I  B  O  T  Q  K  A  F  E  D  N  J
U  R  R  N  R  Z  W  A  A  R  F  E  K  W
W  A  A  R  D  E  V  O  L  L  L  R  E  P
A  B  S  O  L  U  U  T  N  H  G  N  R  U
```

ABSOLUUT	ONSCHULDIG
ACTIEF	JONG
AMBITIEUS	LANGZAAM
AROMATISCH	MODERN
HELDER	DONKER
ENORM	PERFECT
GUL	ZWAAR
GROOT	ERNSTIG
EERLIJK	WAARDEVOL
BELANGRIJK	

30 - Familia

```
V R O U W A S U M M Z B M G
K A T D N H A V Z A Y R S R
I E D O C H T E R N B O N O
N T W E E L I N G Q Q E K O
D A V G R K H E I U H R M T
E N J N C L W E D C J O O M
R T N G Y E I F I V H G E O
E E F M B I G J F J R T D E
N Q H B S N V D K V W X E D
Q C Z J X Z E A G N O D R E
O B O E Q O E W D M P Q N R
C Z Z U S O S U S E A O P F
T U A G R N K I N D R Z S S
W F B D V O O R O U D E R D
```

GROOTMOEDER	MAN
OPA	KLEINZOON
VOOROUDER	KIND
VROUW	KINDEREN
TWEELING	VADER
ZUS	VADERLIJK
BROER	NICHT
DOCHTER	NEEF
JEUGD	TANTE
MOEDER	OOM

31 - Disciplinas Científicas

```
U  F  J  A  E  C  O  L  O  G  I  E  G  I
W  B  F  Y  S  I  O  L  O  G  I  E  R  M
S  I  M  Q  A  T  Y  Y  F  I  Y  H  V  M
T  O  E  H  N  C  R  D  W  C  Q  A  O  U
A  C  C  B  A  K  H  O  Q  P  A  M  E  N
A  H  H  I  T  X  G  E  N  T  F  C  D  O
L  E  A  O  O  A  E  L  M  O  Z  Z  I  L
K  M  N  L  M  L  J  O  P  I  M  G  N  O
U  I  I  O  I  I  O  R  V  K  E  I  G  G
N  E  C  G  E  B  I  G  S  E  K  E  E  I
D  F  A  I  E  U  Z  R  I  U  N  R  F  E
E  D  G  E  O  L  O  G  I  E  O  V  M  V
P  S  Y  C  H  O  L  O  G  I  E  F  Z  L
D  C  G  M  I  N  E  R  A  L  O  G  I  E
```

ANATOMIE   TAALKUNDE
ASTRONOMIE   MECHANICA
BIOLOGIE   MINERALOGIE
BIOCHEMIE   VOEDING
ECOLOGIE   PSYCHOLOGIE
FYSIOLOGIE   CHEMIE
GEOLOGIE   SOCIOLOGIE
IMMUNOLOGIE

32 - Gatos

```
S T A A R T G E K J L Y P S
K L A U W C D F S A V V K J
V A A H V E R L E G E N H Q
K M M A C J Z S N E L R T Q
H J U Y P O O T P R A U U I
B N I E U W S G I E R I G D
M Q S W G R O B X Q E K C S
D P R I K A S W F J E L P G
Q W S L K S R S W Y D E S B
H I R D O W D E T M F I P C
U M F W L E E V N B O N T E
O N A F H A N K E L I J K X
D F Z S D B I T Z E C D T C
E A G F E U H G R A P P I G
```

JAGER   GEK
STAART   POOT
NIEUWSGIERIG   BONT
SLAAP   KLEIN
KLAUW   MUIS
GRAPPIG   SNEL
GAREN   WILD
ONAFHANKELIJK   VERLEGEN
SPEELS

33 - Cocina

```
O Q N M E S S E N U V V D D
S J D H R P V V K K O M A B
G P E Q K E F V R I E Z E R
T R O Y X C S P U P D T Q M
E J I N K E C O I S S P E R
B J P L S R H L K U E Z E L
I C H H L I O L U P L S T Q
O S M T C J R E C E P T S C
Q S E R V E T P B J I J T U
O I U L B N L E P E L S O P
V O R K E N N L Q W M K K V
E I Y R K O E L K A S T J F
N E T E N M S C X W P R E G
N R M U Y U V S Z S P Q S V
```

KETEL	OVEN
ETEN	KRUIK
VOEDSEL	EETSTOKJES
VRIEZER	GRILL
LEPELS	RECEPT
POLLEPEL	KOELKAST
MESSEN	SERVET
SCHORT	CUP
SPECERIJEN	KOM
SPONS	VORKEN

34 - Escuela #1

```
Q D G V V P W O Z F L A Q A
K U C F W R E D A H U J Z N
O P I S I S I N H C N L W T
M A J Z S T S E N E C K B W
H P F A K O N Z N E H O S O
A I E X U E M F Y D N L W O
L E R E N L M A P P E N B R
F R S R D K I G T Q F N U D
A Z T L E R A A R X C S R E
B I B L I O T H E E K Q E N
E P O T L O O D X C L J A M
T G D N N E X A M E N S U R
A G N I X B O E K E N C E X
Q A J T K L A S L O K A A L
```

ALFABET
LUNCH
VRIENDEN
LEREN
KLASLOKAAL
BIBLIOTHEEK
MAPPEN
BUREAU
QUIZ
EXAMENS

POTLOOD
BOEKEN
WISKUNDE
CIJFERS
PAPIER
PENNEN
LERAAR
ANTWOORDEN
STOEL

35 - Adjetivos #2

```
N X Y P S Y O E L I C X Y N
Q I Z O H O B E I N R E E W
G D E J Z O E T J T E S N B
D R K U H K R B P E A F A E
Z O U T W E O A P R T S T S
B O S R V L E A R E I C U C
J G L O Y E M R O S E B U H
N V B T C G D K D S F C R R
M O E S C A H W U A V W L I
Z G R R Y N P R C N V Z I J
B I R M S T P I T T I G J V
F P D R A M A T I S C H K E
S T E R K A N B E P I R X N
G E Z O N D L B F O G U A D
```

MOE
EETBAAR
CREATIEF
BESCHRIJVEND
DRAMATISCH
ZOET
ELEGANT
BEROEMD
VERS
STERK

INTERESSANT
NATUURLIJK
NORMAAL
NIEUW
TROTS
PITTIG
PRODUCTIEF
ZOUT
GEZOND
DROOG

36 - Cuerpo Humano

```
O  A  J  S  C  H  O  U  D  E  R  A  U  B
Z  Q  R  B  H  A  N  D  A  V  G  N  I  I
G  R  B  T  B  E  E  N  K  N  I  E  N  E
P  K  Q  B  L  B  U  Y  C  B  V  J  B  L
O  R  C  U  O  Q  S  V  K  O  J  C  Z  L
O  O  S  B  E  T  B  R  I  G  E  Z  L  E
G  T  R  Y  D  G  Q  U  N  N  K  X  R  B
H  U  I  D  W  E  F  G  E  M  G  S  F  O
A  D  E  L  M  Z  G  J  K  S  O  E  I  O
R  B  F  P  O  I  G  D  Q  H  E  F  R  G
T  O  N  G  N  C  G  Z  E  C  O  N  P  K
F  U  I  T  D  H  E  N  K  E  L  O  R  E
F  V  W  M  W  T  Y  Y  J  W  J  O  F  V
H  H  E  R  S  E  N  E  N  O  C  O  I  D
```

KIN	TONG
MOND	HAND
HOOFD	NEUS
GEZICHT	OOG
HERSENEN	OOR
ELLEBOOG	HUID
HART	BEEN
NEK	KNIE
VINGER	BLOED
SCHOUDER	ENKEL

37 - Ciencia

```
Z W A A R T E K R A C H T Z
L A B O R A T O R I U M D L
V W E T E N S C H A P P E R
T U X X N C C J Z U L B E F
L E P P X A S P A F A L L Q
J V E R E T T B K E N F T W
F O R L G U G U H I T A J R
K L I M A A T S U T E H E Z
Q U M E T H O D E R N V S F
Y T E A W M I N E R A L E N
L I N T O R G A N I S M E C
I E T O G E G E V E N S H J
E R F O S S I E L G I F T M
Q Q M M O L E C U L E N U E
```

ATOOM
WETENSCHAPPER
KLIMAAT
GEGEVENS
EVOLUTIE
EXPERIMENT
FOSSIEL
ZWAARTEKRACHT
FEIT

LABORATORIUM
METHODE
MINERALEN
MOLECULEN
NATUUR
ORGANISME
DEELTJES
PLANTEN

38 - Dinosaurios

```
K U A P H H A D H Q V R M E
G D C M R P B A E F H O A N
R R F I N O L Y R K X O M O
G G O C R J O M B D Z F M R
R P S O O R T I I W E V O M
O V S E T I H Y V S J O E W
O L I O M N I V O O R G T D
T E E R V Z N U O D H E U R
T U L B Q I Q R R W M L V E
E G E V P K R A C H T I G P
I E N E V O L U T I E X I T
O L V E R D W I J N I N G I
K S T A A R T I F W F V F E
P R E H I S T O R I S C H L
```

VLEUGELS	MAMMOET
STAART	OMNIVOOR
VERDWIJNING	KRACHTIG
ENORM	PREHISTORISCH
SOORT	PROOI
EVOLUTIE	ROOFVOGEL
FOSSIELEN	REPTIEL
GROOT	GROOTTE
HERBIVOOR	AARDE

39 - Restaurante #2

```
F E Z V H E E R L I J K I J
M R O I E G P D I N E R J T
O E U S L R P R S O E P S P
S S T I E O X A T H S N B V
J R N C T E W N O M V C W O
F N A A N N Y K E W A T E R
G V H A E T Z S L L W F I K
C V D Z R E J G A W O B E R
T A M Z L O J W S L Y I R C
X R K E M L U N C H A P E V
L G J E Q D E G V L G D N Y
E B F M S P E C E R I J E N
V O O R G E R E C H T I T P
U I J K F B X I C L E P E L
```

WATER	FRUIT
LUNCH	IJS
VOORGERECHT	EIEREN
DRANK	CAKE
OBER	VIS
DINER	ZOUT
LEPEL	STOEL
HEERLIJK	SOEP
SALADE	VORK
SPECERIJEN	GROENTE

40 - Profesiones #1

```
J D K A T G B O D A H L G P
X E D M F E A A M S I O P S
E B O B T O N D E T Q O M Y
X A K A W L K V Q R N D U C
W N T S D O I O W O C G Z H
J X E S A O E C T N A I I O
P A R A N G R A R O R E K L
I U G D S A L A A O T T A O
A T L E E T U T I M O E N O
N P W U R Q I A N H G R T G
I R B R A N D W E E R M A N
S Z J E D I T O R K A Y L N
T J U W E L I E R K A L H N
D I E R E N A R T S F E R R
```

ADVOCAAT	AMBASSADEUR
ASTRONOOM	TRAINER
ATLEET	LOODGIETER
DANSER	GEOLOOG
BANKIER	JUWELIER
BRANDWEERMAN	MUZIKANT
CARTOGRAAF	PIANIST
JAGER	PSYCHOLOOG
DOKTER	DIERENARTS
EDITOR	

41 - Vehículos

```
T E P Y J A M B U L A N C E
R U B T M S T O R L Y M Z P
E O Y I T H G O U W H M M E
I Z G F W U R T F F G D C S
N B R I C T A O X P C Q T T
V L I E G T U I G M E T R O
V L G T G L K C A R A V A N
E W O S H E L I K O P T E R
E B A T R R B T R A C T O R
R U U S V R A C H T A U T O
B S T I B H N K M O T O R F
O L O H H S D H E S U S F P
O J F J K S E T T T Y W N N
T P T A X I N E T M Q H L B
```

AMBULANCE	VEERBOOT
BUS	HELIKOPTER
VLIEGTUIG	SHUTTLE
VLOT	METRO
BOOT	MOTOR
FIETS	BANDEN
VRACHTAUTO	TAXI
CARAVAN	TRACTOR
AUTO	TREIN
RAKET	

42 - Vacaciones #2

```
L K V A K A N T I E L A L R
U B A B E I N R U P U I U E
W R P A A G R S T P T N C S
Q E H V R I J E T I J D H E
P S L I G T I K A E H C T R
N T E I L A N D X C N Y H V
P A S P O O R T I R E T A E
T U S I C Y E H O T E L V R
R R V T F C I S F N Y I E I
E A I N R V S B P Z E E N N
I N S F C A V E R V O E R G
N T U M S L N U X I G A J E
K B M F O U U D F O T O S N
B U I T E N L A N D E R N O
```

LUCHTHAVEN
TENT
BUITENLANDER
FOTO'S
HOTEL
EILAND
KAART
ZEE
VRIJE TIJD
PASPOORT

STRAND
RESERVERINGEN
RESTAURANT
TAXI
VERVOER
TREIN
VAKANTIE
REIS
VISUM

43 - Cumpleaños

```
G E S C H E N K P V L E H K
I H Q B F T W K A A R T E N
G E L U K K I G R W Y G R B
S G I B I Z O C T I D L I L
U I T N O D I G I N G E N I
H H F Q Q Y U O J X F R N J
A J J M V I I K W N E E S
J G O A B K A A R S E N R P
O I N O A L I E D D A G I E
V Y G T V R I E N D E N N C
I R V I E R I N G H T H G I
U J O J C A K E L A B Y E A
R C F D K A L E N D E R N A
W I J S H E I D C G W P Q L
```

BLIJ
VRIENDEN
JAAR
LEREN
KALENDER
LIED
VIERING
DAG
SPECIAAL
GELUKKIG

UITNODIGINGEN
JONG
PARTIJ
CAKE
HERINNERINGEN
GESCHENK
WIJSHEID
KAARTEN
TIJD
KAARSEN

44 - Baile

```
A S K G E N A D E X J J H A
Y N J C D M T Y I H C K O C
C M B W O D O E T S H T U A
O U K Z P W Y T R W O R D D
S B L I J U O C I J R E I E
P E M T Z D F Z T E E P N M
R W K C U W Z H M W O E G I
I E K U M U Z I E K G T I E
N G P X N J R K C W R I H J
G I H U Z S T S C T A T C V
E N J P A R T N E R F I R E
N G C O Q K L A S S I E K B
E X P R E S S I E F E X Y J
T R A D I T I O N E E L B H
```

ACADEMIE
BLIJ
KUNST
KLASSIEK
CHOREOGRAFIE
CULTUUR
EMOTIE
REPETITIE
EXPRESSIEF

GENADE
BEWEGING
MUZIEK
HOUDING
RITME
SPRINGEN
PARTNER
TRADITIONEEL

45 - Matemáticas

```
V V R E K E N K U N D I G M
E O E S F X V P K T E V U Q
R L C Y L P A R A L L E L C
G U H M B O L G G L K E F I
E M T M L N J Y S G J L R J
L E H E O E D V C E W H A F
I D O T O N E R V O J O C E
J I E R D T C S I M N E T R
K A K I R H I T E E C K I S
I M L E E O M R R T H O E P
N E P N C E A A K R B O O W
G T P I H K A A A I H J E Q
N E T M T E L L N E H O P K
Y R C W E N O M T R E K S Y
```

REKENKUNDIG	GEOMETRIE
HOEKEN	CIJFERS
OMTREK	PARALLEL
VIERKANT	LOODRECHT
DECIMAAL	VEELHOEK
DIAMETER	STRAAL
VERGELIJKING	RECHTHOEK
BOL	SYMMETRIE
EXPONENT	DRIEHOEK
FRACTIE	VOLUME

46 - Restaurante #1

```
R S D Y R E F K V T E H I S
K E C P I T T I G L K Y C E
N R S T N B O R D P E I Z R
Q V O E G B R O O D M E P V
W E J A R C O Z R K O M S E
J T F X E V K A S S I E R E
L F P L D O E L P C C F A R
K O F F I E B R K J C U L S
L K X S Ë D H Z I F U D L T
T J I R N S V I R N U B E E
M E S O T E E L K S G E R R
E B W W E L S A U S K T G F
N V K C N K E U K E N E I Q
U U M B N T O E T J E N E X
```

ALLERGIE   MENU
KOFFIE   BROOD
KASSIER   PITTIG
SERVEERSTER   BORD
VLEES   KIP
KEUKEN   TOETJE
ETEN   RESERVERING
VOEDSEL   SAUS
MES   SERVET
INGREDIËNTEN   KOM

47 - Profesiones #2

```
F Z O Ö L O O G K K E P Z J
B O U I T V I N D E R I I O
N I T V U C K L G S D L L U
Y M O O O Q C H E S M O L R
T U S L G A R T S R T O U N
O N F N O R K E I F A T S A
S I K V I O A S F I S A T L
C H I R U R G A X L T T R I
H N V G Y K M J F O R U A S
I N G E N I E U R S O I T T
L I N G U Ï S T N O N N O B
D E T E C T I V E O A M R U
E B O E R B A D N F U A D F
R T A N D A R T S D T N S U
```

BOER   UITVINDER
ASTRONAUT   TUINMAN
BIOLOOG   LINGUÏST
CHIRURG   ARTS
TANDARTS   JOURNALIST
DETECTIVE   PILOOT
FILOSOOF   SCHILDER
FOTOGRAAF   LERAAR
ILLUSTRATOR   ZOÖLOOG
INGENIEUR

48 - Senderismo

```
W Q Z C O X Z S Z C M Q T Z
G I D S E N M S T D Z O N W
K A M P E R E N O E Z T E A
L K L I M A A T R B N X E A
I Z U K E T V D I E R E N R
F H X H M A H V Ë F Z J N L
T Z W P A R K E N N A O H A
W I L D J Y A U T A W B P A
B E R G Y M A W A T E R D R
B O G E E U R K T U O D J Z
W Z V A N G T S I U A P D E
X B U U W G K O E R Y S R N
V O O R B E R E I D I N G X
R H P U I N A Q F P Y X G G
```

KLIF	BERG
WATER	MUGGEN
DIEREN	NATUUR
LAARZEN	ORIËNTATIE
KAMPEREN	PARKEN
MOE	ZWAAR
KLIMAAT	STENEN
TOP	VOORBEREIDING
GIDSEN	WILD
KAART	ZON

49 - Naturaleza

```
G W I K J L Y W W N S R E P
C L O Q D H W I O W C U A P
N N E L W L V L E U H S K H
B Q S T K R Y D S G U T P E
N R B O S E L J T E I I Q I
J V B L T J N S I B L G D L
D O H T L K E E J L P K I I
G L G R H L V R N A L W E G
S C H O O N H E I D A E R D
M B Q P D P N E A E A R E O
I I R I L P C N M R T O N M
S J Q S O L Z O J T S S X Z
T E Z C W R I V I E R I M E
Q N U H V I T A A L T E Q V
```

BIJEN
DIEREN
SCHOONHEID
BOS
WOESTIJN
EROSIE
GEBLADERTE
GLETSJER
MIST

WOLKEN
RUSTIG
SCHUILPLAATS
RIVIER
WILD
HEILIGDOM
SEREEN
TROPISCH
VITAAL

50 - Conduciendo

```
V  G  G  B  S  N  E  L  H  E  I  D  L  V
O  E  A  A  M  Q  S  H  C  X  O  G  I  M
E  A  R  B  R  A  N  D  S  T  O  F  C  O
T  D  B  V  T  A  P  O  L  I  T  I  E  T
G  K  M  Q  O  O  G  N  C  K  M  B  N  O
A  O  O  B  B  E  M  E  S  A  W  A  T  R
N  S  T  N  S  X  R  O  T  A  W  V  I  F
G  L  O  U  G  Y  X  N  R  R  T  U  E  I
E  B  R  M  Y  E  O  S  A  T  U  I  O  E
R  E  M  M  E  N  L  F  A  E  N  T  A  T
V  R  A  C  H  T  A  U  T  O  N  Y  U  S
G  A  S  O  O  V  E  R  K  E  E  R  T  E
V  E  I  L  I  G  H  E  I  D  L  P  O  Q
G  E  V  A  A  R  D  S  F  U  F  H  H  R
```

ONGELUK	MOTORFIETS
STRAAT	MOTOR
VRACHTAUTO	VOETGANGER
AUTO	GEVAAR
BRANDSTOF	POLITIE
REMMEN	VEILIGHEID
GARAGE	VERVOER
GAS	VERKEER
LICENTIE	TUNNEL
KAART	SNELHEID

51 - Ballet

```
I  N  T  E  N  S  I  T  E  I  T  S  H  Q
Z  Y  V  R  U  P  R  A  K  T  I  J  K  W
L  E  S  S  E  N  U  H  P  S  S  D  L  Z
B  A  L  L  E  R  I  N  A  P  T  F  K  A
W  C  X  K  U  O  W  X  I  G  L  I  N  X
D  B  C  T  Q  R  I  T  M  E  U  A  J  X
V  B  N  K  E  K  U  P  U  B  R  Q  U  L
X  D  A  N  S  E  R  S  Z  A  B  P  W  S
H  Z  N  O  Q  S  O  U  I  A  N  U  M  W
K  X  W  W  B  T  V  P  E  R  O  B  R  G
S  P  I  E  R  E  N  J  K  U  U  L  N  F
W  S  P  G  E  X  P  R  E  S  S  I  E  F
C  H  O  R  E  O  G  R  A  F  I  E  Y  U
V  A  A  R  D  I  G  H  E  I  D  K  F  H
```

APPLAUS	VAARDIGHEID
PUBLIEK	INTENSITEIT
BALLERINA	LESSEN
DANSERS	SPIEREN
CHOREOGRAFIE	MUZIEK
STIJL	ORKEST
EXPRESSIEF	PRAKTIJK
GEBAAR	RITME

52 - Aventura

```
E N T H O U S I A S M E S V
W A V E I L I G H E I D C E
D T B B R E I Z E N I W H R
H U G E V A A R L I J K O R
E U V S N I E U W J O L O A
X R R T A H Z K A N S O N S
C V E E V R I E N D E N H S
U K U M I L V J M N X G E E
R Y G M G S R K O I O E I N
S I D I A C P B E X S W D D
I F E N T L K L D R V O R Y
E K G G I V W T A Y V O B T
J U Y Z E P I E Q N W N C B
M O E I L I J K H E I D G F
```

VREUGDE	NATUUR
VRIENDEN	NAVIGATIE
SCHOONHEID	NIEUW
BESTEMMING	KANS
MOEILIJKHEID	GEVAARLIJK
ENTHOUSIASME	VEILIGHEID
EXCURSIE	VERRASSEND
ONGEWOON	MOED
REISPLAN	REIZEN

53 - Pájaros

```
O O I E V A A R P M U K D X
Z P V H E U U K I X E O M T
C P U A J N R L N H A E B S
V A W V W W D C G L W K U U
S Y S I I V G K U S E O N W
J I W K F N N A Ï M M E I Z
F N O I J D I H N U V K P W
P Y T P G N L T A S D E E A
P A P E G A A I D K E I L A
F L A M I N G O E R W E I N
R E I G E R D V L A S S K F
T O E K A N N C A A K P A J
P L P H D U I F A I L K A E
C X A W T Q F P R B L A N V
```

ADELAAR	HAVIK
OOIEVAAR	EI
ZWAAN	PAPEGAAI
KOEKOEK	DUIF
KRAAI	EEND
FLAMINGO	PELIKAAN
GANS	PINGUÏN
REIGER	KIP
MEEUW	TOEKAN
MUS	

54 - Playa

```
Q  B  L  A  U  W  B  Y  Z  H  J  Z  Z  X
L  O  A  Y  K  Y  X  E  O  A  R  A  D  I
C  O  G  Z  W  E  M  M  E  N  I  N  Y  F
E  T  U  O  P  I  E  C  J  D  F  D  P  J
J  Q  N  N  A  A  P  N  M  D  N  Q  H  Q
Q  P  E  F  W  M  R  E  S  O  E  S  I  F
E  H  G  Z  Z  F  K  A  Y  E  M  Z  T  W
N  I  T  E  D  Q  C  X  P  K  L  E  S  F
G  D  L  E  E  E  D  V  U  L  T  I  T  X
K  Y  V  A  K  A  N  T  I  E  U  L  L  Z
R  U  E  E  N  X  P  N  I  D  V  B  R  I
A  Y  S  A  N  D  A  L  E  N  U  O  G  Z
B  F  F  T  O  C  E  A  A  N  O  O  P  G
Q  R  X  G  L  K  C  U  T  I  F  T  P  V
```

ZAND	ZWEMMEN
RIF	OCEAAN
BLAUW	PARAPLU
BOOT	SANDALEN
KRAB	ZON
KUST	HANDDOEK
EILAND	VAKANTIE
LAGUNE	ZEILBOOT
ZEE	

55 - Surf

```
A P W R N F C W E E R S P M
S T I J L W V C X P T P O E
M P L E Z I E R T E C R P N
R I F E Z O K O R D O A U I
A K J W E E M O E D V Y L G
M A A G U T N P E E K Z A T
T M S C H U I M M L R W I E
R P N V A S O S Z E A E R S
H I I H R U T C V N C M N D
P O B T N L M R E V H M W S
B E G I N N E R A A T E B E
M N C T E O N W L N A N F O
G O L F X M H A T W D N S V
L T G S N E L H E I D F W P
```

RIF   MENIGTE
ATLEET   ZWEMMEN
KAMPIOEN   OCEAAN
WEER   GOLF
PLEZIER   STRAND
SCHUIM   POPULAIR
STIJL   BEGINNER
MAAG   PEDDELEN
EXTREEM   SPRAY
KRACHT   SNELHEID

56 - Geografía

```
D  L  S  T  A  D  B  L  V  R  Q  W  H  N
B  R  E  E  D  T  E  G  R  A  A  D  A  O
Q  T  I  I  H  M  R  S  X  V  B  L  L  O
H  O  O  G  T  E  G  I  G  T  B  V  F  R
A  W  E  D  W  R  Y  V  V  E  E  A  R  D
D  C  C  I  E  I  G  K  A  I  X  Y  O  E
V  F  E  L  S  D  O  X  X  Z  E  E  N  N
W  C  O  N  T  I  N  E  N  T  M  R  D  Z
E  B  K  C  E  A  Z  U  I  D  E  N  E  N
R  I  J  G  N  A  T  L  A  S  H  Z  N  L
E  B  L  L  E  N  G  T  E  G  R  A  A  D
L  F  D  A  J  C  G  R  E  G  I  O  T  B
D  B  P  N  N  X  N  O  O  K  A  A  R  T
Y  G  X  D  N  D  T  M  G  G  M  J  Q  Q
```

HOOGTE
ATLAS
STAD
CONTINENT
HALFROND
EILAND
BREEDTEGRAAD
LENGTEGRAAD
KAART
ZEE

MERIDIAAN
BERG
WERELD
NOORDEN
WESTEN
LAND
REGIO
RIVIER
ZUIDEN

57 - Deportes

```
T  P  O  V  Q  Y  X  W  M  T  E  A  M  K
B  S  Y  X  E  R  H  C  O  R  I  B  E  A
A  E  L  W  T  G  Y  M  N  A  S  I  U  M
S  A  W  A  D  S  T  A  D  I  O  N  D  P
K  T  T  E  T  F  S  L  V  N  G  T  O  I
E  L  E  Q  G  H  O  C  K  E  Y  O  I  O
T  E  N  T  O  I  W  N  R  R  Q  C  Z  E
B  E  N  D  L  B  N  N  W  D  D  O  W  N
A  T  I  S  F  G  D  G  J  A  P  K  E  S
L  L  S  L  F  H  S  P  E  L  E  R  M  C
F  T  V  L  R  I  P  P  F  D  N  J  M  H
X  G  R  A  F  O  E  U  S  G  I  W  E  A
H  O  N  K  B  A  L  T  S  P  Y  C  N  P
W  I  N  N  A  A  R  S  S  C  M  O  L  B
```

ATLEET	GYMNASIUM
BASKETBAL	GOLF
HONKBAL	HOCKEY
FIETS	SPEL
KAMPIOENSCHAP	SPELER
TRAINER	BEWEGING
TEAM	ZWEMMEN
STADION	TENNIS
WINNAAR	

58 - Actividades

```
V U O S J K U N S T K O M V
O S B E L A N G E N T N J R
M P H Z I C C V Q E L T F I
P A F O Z T Y H M A Y S O J
E M W E D T F S T C T P T E
M B B Z U U C C K T D A O T
V A A R D I G H E I D N G I
P C G T P N A I R V L N R J
U H A I L I M L A I J I A D
Z T P U E E E D M T G N F J
Z E T N Z R S E I E E G I X
E N E P I E O R E I U R E C
L L E Z E N F I K T B R A W
S R P S R J H J N A A I E N
```

ACTIVITEIT	TUINIEREN
KUNST	GAMES
AMBACHTEN	LEZEN
JACHT	MAGIE
KERAMIEK	VRIJE TIJD
NAAIEN	SCHILDERIJ
FOTOGRAFIE	PLEZIER
VAARDIGHEID	ONTSPANNING
BELANGEN	PUZZELS

59 - Verduras

```
S P I N A Z I E E B U G P P
A E Q V B U W O R T E L O E
L U L I Z I B I W A G S M T
A E U D N W A E T Z U Z P E
D R G W E F R T R Z Z H O R
E Z E R N R T K I G N E E S
T T M A L T I Q R V I K N E
E O B D U Y S J A Z H N H L
R M E I W A J J Z W C O E I
Q A R J G E O U Z D T F M E
X A A S Z U K L Q G R L H S
L T N P O L I J F N U O D I
A A R D A P P E L B U O Q G
P A D D E S T O E L N K I H
```

KNOFLOOK	GEMBER
ARTISJOK	RAAP
SELDERIJ	OLIJF
AUBERGINE	AARDAPPEL
POMPOEN	PETERSELIE
UI	RADIJS
SALADE	PADDESTOEL
SPINAZIE	TOMAAT
ERWT	WORTEL

60 - Instrumentos Musicales

```
X P T Y K G G I C B N N S C
L E R A T R O M B O N E A E
T R O M M E L N G G J L X L
P C M G X B V Z G W H X O L
W U P E I E O B H F X K F O
K S E S T T I E A L H L O P
T S T G T S A Q R U E A O I
V I O O L U R A P I W R N A
B E H O B O F I R T J I G N
M A N D O L I N E B A N J O
M A R I M B A Q M Y D E R H
J F L H E E U C V E J T Z P
M O N D H A R M O N I C A M
F A G O T V H A O T P W H H
```

MONDHARMONICA   HOBO
HARP   TAMBOERIJN
BANJO   PERCUSSIE
KLARINET   PIANO
FAGOT   SAXOFOON
FLUIT   TROMMEL
GONG   TROMBONE
GITAAR   TROMPET
MANDOLINE   VIOOL
MARIMBA   CELLO

61 - Escalada

```
D A G W Z O F X L W Z D O H
E T W R L U Y R Q J D A P A
S M A L T D S Q V Y Z C L N
K O N C E H I H G R O T E D
U S D Q R U E E L V U T I S
N F E R R H K L L P K K D C
D E L U E A R M A K A K I H
I E E T I W A Y L A A S N O
G R N W N I C I H E R Z G E
E B G R S D H Q O N T Z W N
G I D S E N T O O F V S E E
Q Y T U J K M E G W L S E N
F S T A B I L I T E I T A L
M U T I Q D M R E F Z E G P
```

HOOGTE
ATMOSFEER
LAARZEN
HELM
GROT
STABILITEIT
SMAL
DESKUNDIGE
FYSIEK

OPLEIDING
KRACHT
HANDSCHOENEN
GIDSEN
LETSEL
KAART
WANDELEN
TERREIN

62 - Mascotas

```
H  J  J  O  R  K  E  W  E  O  X  Y  X  C
V  A  H  M  F  R  L  H  H  O  P  N  W  S
E  O  G  C  A  A  K  A  T  Y  G  G  J  S
L  M  E  E  K  A  E  M  S  F  L  O  K  C
E  U  X  D  D  G  N  S  O  P  Z  C  R  H
Y  I  J  K  S  I  I  T  N  T  L  E  T  I
G  S  E  L  M  E  S  E  P  U  P  P  Y  L
E  E  G  A  L  P  L  R  O  K  M  V  G  D
I  Y  M  U  O  U  D  S  T  A  A  R  T  P
T  L  O  W  A  T  E  R  E  T  I  R  K  A
P  A  P  E  G  A  A  I  N  J  U  Y  V  D
W  H  O  N  D  N  U  I  O  E  I  I  I  B
K  O  E  K  O  N  I  J  N  V  O  Q  S  C
D  I  E  R  E  N  A  R  T  S  I  R  S  N
```

WATER	HAMSTER
GEIT	HAGEDIS
PUPPY	PAPEGAAI
STAART	POTEN
KRAAG	HOND
VOEDSEL	VIS
KONIJN	MUIS
KLAUWEN	SCHILDPAD
KATJE	KOE
KAT	DIERENARTS

63 - Formas

```
K E G E L R O N D E B K V R
U A H H H Y H N K K A O I A
X F N P N C F C U P N E E N
M B Z T Z H A F B L S L R D
D R I E H O E K U R I J K E
H N X R C H Z R S X I J A N
Y K L K X D O V A A L S N C
P I R A M I D E I C O J T I
E H H J I B K E K Q P M L L
R L Q Y O O F L C U R V E I
B L O Z S L Z H X P I E H N
O R E C H T H O E K S T E D
O B O O G I G E A D M R P E
L C I R K E L K R X A I W R
```

BOOG	HYPERBOOL
RANDEN	KANT
CILINDER	LIJN
CIRKEL	OVAAL
KEGEL	PIRAMIDE
VIERKANT	VEELHOEK
KUBUS	PRISMA
CURVE	RECHTHOEK
BOL	RONDE
HOEK	DRIEHOEK

64 - Flores

```
G H K J A F Q K Q P P P V I
A M I H A R E L L A A E M O
R A P B Q L I A C A P P U R
D G A M I P R V X R A U U C
E N S T P S L E J D V J Y H
N O S U N T C R J E E J R I
I L I L X U V U A B R Z G D
A I E P T R O O S L I L A E
B A B C V A B Q M O X X L E
O D L M A D E L I E F J E H
E X O O S D H O J M H A L K
K G E Z H O K H N A R C I S
E J M D Z O N N E B L O E M
T B X L A V E N D E L C X Q
```

PAPAVER
PAARDEBLOEM
GARDENIA
ZONNEBLOEM
HIBISCUS
JASMIJN
LAVENDEL
LILA
LELIE

MAGNOLIA
MADELIEFJE
NARCIS
ORCHIDEE
PASSIEBLOEM
BOEKET
ROOS
KLAVER
TULP

65 - Astronomía

```
R A A A O B P V K O S M O S
A M S S Y H E M E L A S Y T
K T L T L R Q H Z G T H M R
E Y C R R I U Z O E E C V A
T H F O Y O I P Z F L E Q L
F R X N Y J N V F U L W S I
P F I A W C O O L Y I O Y N
M L I U Q W X I O Q E E M G
A Q A T F T L G E M T J N N
A L D N S U P E R N O V A O
N G H M E T E O O R U K N T
T N Y N N E E A L A A R D E
Q Z W A A R T E K R A C H T
O B S E R V A T O R I U M U
```

ASTRONAUT
ASTRONOOM
HEMEL
RAKET
KOSMOS
EQUINOX
ZWAARTEKRACHT
MAAN

METEOOR
OBSERVATORIUM
PLANEET
STRALING
SATELLIET
SUPERNOVA
AARDE

66 - Tiempo

```
P T N W X L R T K G K X K S
J F X V N N K O M I D D A G
G V R S R A X E V S K A I L
W P A R S C F K T T E G G M
E I T P U H I O W E E K D A
M A K Z F T J M S R U J E A
V A N D A A G S U E W A C N
X T J P O C H T E N D A E D
B J U B S O H W V O O R N D
K A L E N D E R N U U R N X
Y L M O M E N T Z Q X U I P
Q M O V M B E M M I N U U T
R U M K N R C A R Y S E M R
J A A R L I J K S P Y W S N
```

NU
VOOR
JAARLIJKS
JAAR
GISTEREN
KALENDER
DECENNIUM
DAG
TOEKOMST
UUR

VANDAAG
OCHTEND
MIDDAG
MAAND
MINUUT
MOMENT
NACHT
KLOK
WEEK
EEUW

67 - Paisajes

```
E  S  T  U  A  R  I  U  M  R  T  S  A  J
D  T  G  T  X  W  I  N  F  C  W  C  I  F
M  N  A  K  F  D  O  V  P  G  O  H  V  V
O  L  W  Y  P  C  B  H  I  Z  W  I  B  C
E  A  V  U  L  K  A  A  N  E  B  E  R  G
R  G  S  M  L  X  J  U  K  E  R  R  W  T
A  U  G  E  Z  V  A  L  L  E  I  E  A  E
S  N  W  O  E  S  T  I  J  N  J  I  T  I
U  E  G  E  I  S  E  R  S  C  S  L  E  L
M  E  E  R  N  G  L  Z  T  I  B  A  R  A
H  G  L  E  T  S  J  E  R  G  E  N  V  N
T  O  R  J  N  T  R  Y  A  Z  R  D  A  D
V  L  U  O  X  R  M  P  N  C  G  D  L  J
T  B  T  K  T  O  E  N  D  R  A  G  U  U
```

WATERVAL	ZEE
GROT	BERG
WOESTIJN	OASE
ESTUARIUM	MOERAS
GEISER	SCHIEREILAND
GLETSJER	STRAND
IJSBERG	RIVIER
EILAND	TOENDRA
MEER	VALLEI
LAGUNE	VULKAAN

68 - Días y Meses

```
I  Z  S  B  O  K  T  O  B  E  R  P  A  F
O  F  A  U  G  U  S  T  U  S  W  F  P  Q
S  E  P  T  E  M  B  E  R  P  X  J  Z  M
D  B  R  Y  J  E  Z  Q  W  Q  P  M  V  P
O  R  I  M  A  A  N  D  A  G  Q  B  K  L
N  U  L  Z  N  Z  W  O  E  N  S  D  A  G
D  A  L  A  U  L  O  D  V  M  A  A  N  D
E  R  O  T  A  Z  O  N  I  E  W  E  E  K
R  I  H  E  R  B  M  U  D  N  M  M  C  G
D  R  V  R  I  J  D  A  G  A  S  B  Z  J
A  R  M  D  K  T  G  W  E  U  G  D  E  T
G  N  Z  A  E  I  V  O  Z  E  J  A  A  R
H  E  O  G  J  U  L  I  J  U  N  I  P  G
K  A  L  E  N  D  E  R  O  T  T  R  Z  G
```

APRIL	MAANDAG
AUGUSTUS	DINSDAG
JAAR	MAAND
KALENDER	WOENSDAG
ZONDAG	NOVEMBER
JANUARI	OKTOBER
FEBRUARI	ZATERDAG
DONDERDAG	WEEK
JULI	SEPTEMBER
JUNI	VRIJDAG

69 - Chocolate

```
P S B P W E I Z J Z R C A H
C O L I M D N C O L Y A R E
A R E N Z W G F R E Z L T E
C E S D M K R E A J T O I R
A C W A E A E X F B E R S L
O E F S A R D O A B U I A I
R P D U J A I T V I W E N J
N T G I N M Ë I O T L Ë A K
E G R K G E N S R T E N A O
G L L E L L T C I E D T L O
D M A R O M A H E R X I E N
K O K O S N O O T J L J J N
A N T I O X I D A N T O P A
K W A L I T E I T S M A A K
```

BITTER
ANTIOXIDANT
AROMA
ARTISANAAL
SUIKER
PINDA'S
CACAO
KWALITEIT
CALORIEËN
KARAMEL

KOKOSNOOT
ETEN
HEERLIJK
ZOET
EXOTISCH
FAVORIET
SMAAK
INGREDIËNT
POEDER
RECEPT

70 - Barbacoas

```
G R O E N T E V Q D S K B W
A K I P B I L H X H I X K Y
M I N U W S U W H O Z N W X
E N L T O M A T E N O F E R
S D K G F U U T E G M A U R
P E P E R Z O U T E E M S Y
N R S B U I E N V R R I S V
X E Y I I E L L M A K L M P
A N K A T K A L H E Q I C H
S A U S A L A D E S S E J X
V E P V A U W L U G U S T N
D T R K J N Z B T W D O E M
P Q O T K C S Z Y J H Q R N
F W Z R Q H P L S K L W X O
```

LUNCH
HEET
UIEN
DINER
MESSEN
SALADES
FAMILIE
FRUIT
HONGER
GAMES

MUZIEK
KINDEREN
GRILL
PEPER
KIP
ZOUT
SAUS
TOMATEN
ZOMER
GROENTE

71 - Ropa

```
S  I  E  R  A  D  E  N  P  X  U  C  G  W
O  C  Q  M  R  O  H  R  Y  S  J  V  E  J
M  N  P  A  M  J  A  S  J  E  H  A  V  G
T  J  I  Y  B  P  N  S  A  R  G  I  S  V
F  V  K  V  A  S  D  U  M  V  C  S  R  N
F  V  D  I  N  R  S  J  A  S  K  V  B  T
K  S  H  S  D  O  C  B  R  O  E  K  Q  R
E  J  V  P  H  K  H  S  C  H  O  R  T  U
T  A  S  B  V  O  O  M  J  U  R  K  G  I
T  A  I  M  E  M  E  O  S  C  H  O  E  N
I  L  B  J  B  D  N  D  B  L  O  U  S  E
N  I  Q  L  T  I  E  E  P  W  G  P  B  S
G  L  R  I  E  M  N  P  P  C  R  X  T  L
S  A  N  D  A  L  E  N  Z  A  Y  L  I  S
```

JAS	SIERADEN
BLOUSE	MODE
SJAAL	BROEK
SHIRT	PYJAMA
JASJE	ARMBAND
RIEM	SANDALEN
KETTING	HOED
SCHORT	TRUI
ROK	JURK
HANDSCHOENEN	SCHOEN

72 - Meditación

```
A H M Q B E G A I L W H P M
M E V R E D E E F V K R E E
B L S U W N K A L M O M R D
N D T Z E F F I G U R Y S E
A E I F G P B E B Q K F P D
T R L T I E M O T I E S E O
U H T M N M U Z I E K Z C G
U E E U G H O U D I N G T E
R I A D E M H A L I N G I N
G D T K A A N D A C H T E N
M E N T A A L F G R Q P F V
D D E A A N V A A R D I N G
O O B S E R V A T I E T F F
R Y D E T G E D A C H T E N
```

AANVAARDING
AANDACHT
KALM
HELDERHEID
MEDEDOGEN
EMOTIES
GELUK
MENTAAL
GEEST
BEWEGING

MUZIEK
NATUUR
OBSERVATIE
VREDE
GEDACHTEN
PERSPECTIEF
HOUDING
ADEMHALING
STILTE

73 - Comedia

```
E X P R E S S I E F R Q T T
I I V X O P Y R U O P C L A
M S R E E M U A C U T P K C
P A R O D I E B R T D N V T
R L G B B V N C L O W N S R
O G E L A C H B N I W H L I
V F N Z H U M O R V E X I C
I F R V I M K H C V F K M E
S F E R F E G R A P P I G J
A J P K A G R A P P E N J Z
T H E A T E R J F V H E M K
I A P P L A U S A C T E U R
E T E L E V I S I E I L V I
L U N I C E D F C W P Y O S
```

ACTEUR   HUMOR
ACTRICE   IMPROVISATIE
APPLAUS   SLIM
PUBLIEK   PARODIE
GRAPPEN   CLOWNS
PLEZIER   GELACH
EXPRESSIEF   THEATER
GENRE   TELEVISIE
GRAPPIG

74 - Libros

```
H P O Ë Z I E L N L X H T H
D I L I T E R A I R A M C U
C C S L E Z E R A Q T C P M
D O O T A V O N T U U R A O
H U N C O L L E C T I E U R
R J A T H R E L E V A N T I
O X A L E V I S Z Y E M E S
M M H C I X P S W I Y F U T
A C D A T T T E C J O G R I
N Y A D Z D E R G H Z U X S
K F B L A D Z I J D E Y L C
V E R H A A L E T E C T S H
Y K W G E S C H R E V E N J
V E R T E L L E R A U M Z V
```

AUTEUR
AVONTUUR
COLLECTIE
CONTEXT
DUALITEIT
GESCHREVEN
VERHAAL
HISTORISCH
HUMORISTISCH

LEZER
LITERAIR
VERTELLER
ROMAN
BLADZIJDE
RELEVANT
POËZIE
SERIE

75 - Nutrición

```
V K K O O L H Y D R A T E N
L U W G E Z O N D H E I D O
O W L A E E T B A A R J I V
E A W H L C C Y F S H G E E
I S A O T I A H C A O E E U
S S M A A K T L G U G Z T D
T T O X I N E E O S E O B T
O H U N Q B Y A I R W N L I
F K A K X I E W Q T I D H G
F R C E E T L U S T C E O R
E D L V J T Q I L I H A Ë A
N T Q C E E I W I T T E N N
E U O F E R M E N T A T I E
V O E D I N G S S T O F P N
```

BITTER
EETLUST
KWALITEIT
CALORIEËN
KOOLHYDRATEN
GRANEN
EETBAAR
DIEET
FERMENTATIE

VLOEISTOFFEN
VOEDINGSSTOF
GEWICHT
EIWITTEN
SMAAK
SAUS
GEZONDHEID
GEZOND
TOXINE

76 - Edificios

```
I  X  S  V  N  O  Z  O  T  S  Z  F  I  O
T  M  U  S  E  U  M  E  H  O  D  T  Y  B
C  U  P  N  A  N  Z  W  K  O  R  H  Y  S
Z  I  E  K  E  N  H  U  I  S  T  E  P  E
H  S  R  B  I  O  S  C  O  O  P  E  N  R
E  C  M  R  O  S  T  A  D  I  O  N  L  V
R  H  A  G  K  E  K  A  S  T  E  E  L  A
B  U  R  A  T  Q  R  S  C  H  O  O  L  T
E  U  K  O  B  J  N  D  M  A  H  I  V  O
R  R  T  O  J  S  T  H  E  A  T  E  R  R
G  L  A  B  O  R  A  T  O  R  I  U  M  I
A  M  B  A  S  S  A  D  E  K  I  W  W  U
A  P  P  A  R  T  E  M  E  N  T  J  X  M
F  A  B  R  I  E  K  G  A  R  A  G  E  V
```

HERBERG	BOERDERIJ
APPARTEMENT	ZIEKENHUIS
KASTEEL	HOTEL
BIOSCOOP	LABORATORIUM
AMBASSADE	MUSEUM
SCHOOL	OBSERVATORIUM
STADION	SUPERMARKT
FABRIEK	THEATER
GARAGE	TOREN
SCHUUR	

77 - Océano

```
K V Q P R G O W O T O A D P
W R H R V N C D C G T H L E
A G A R N A A L T O N I J N
L V A B J P B Y O S P O N S
V I I B O O T A P I B U W D
I S D Q E R C O U L S G G J
S Z R S Y Q A G S L O V E E
Z F S T O R M O Q E D R T A
O Y U L O E S T E R O G I L
U Q K O R A A L K Q L J J F
T K W A L R X A A Z F X D D
S C H I L D P A D Z I F E R
A L G E N B W S X A J S N J
A S M U P K A A L V N A J X
```

ALGEN
AAL
RIF
TONIJN
WALVIS
BOOT
GARNAAL
KRAB
KORAAL
DOLFIJN

SPONS
GETIJDEN
KWAL
OESTER
VIS
OCTOPUS
ZOUT
HAAI
STORM
SCHILDPAD

78 - Ciudad

```
B O B A N K S C H O O L D B
K L I N I E K T H O T E L A
F M B O J M N H A M E L Z K
W J L W I N K E L D N M Y K
U N I V E R S I T E I T K E
Y H O M U S E U M C V O O R
U O T B I O S C O O P G N I
T U H L U C H T H A V E N J
G H E D I E R E N T U I N Z
U M E B O E K H A N D E L R
W I K A P O T H E E K I P G
M A R K T B L O E M I S T W
N N S U P E R M A R K T E S
X Z G A L E R I J C L L Y U
```

LUCHTHAVEN	HOTEL
BANK	BOEKHANDEL
BIBLIOTHEEK	MARKT
BIOSCOOP	MUSEUM
KLINIEK	BAKKERIJ
SCHOOL	SUPERMARKT
STADION	THEATER
APOTHEEK	WINKEL
BLOEMIST	UNIVERSITEIT
GALERIJ	DIERENTUIN

79 - Conservación

```
O N D E R W I J S F V T V Z
H G A Z N A B M M I L I E U
R H X C V T G R O E N D R K
V E K C J E X J X T A U A L
V E C Z O R G H M S T U N I
L N R Y K T S E P I U R D M
F S R M C H W L A B U Z E A
J P H L I L J Z K L R A R A
C P C M F N E K I E L A I T
O F E C R X D R P E I M N T
H A B I T A T E E V J L G R
U U D B W D Q G R N K O E Z
P E S T I C I D E E H J N I
O R G A N I S C H G N A E V
```

WATER
MILIEU
VERANDERINGEN
FIETS
KLIMAAT
ONDERWIJS
HABITAT
NATUURLIJK

ORGANISCH
PESTICIDE
ZORG
RECYCLEREN
VERMINDEREN
DUURZAAM
GROEN

80 - Exploración

```
Q  X  C  E  V  W  B  N  R  G  A  X  C  B
S  A  K  L  P  I  Y  E  R  Z  F  L  K  I
M  M  N  E  L  L  C  K  P  B  K  N  B  L
O  T  U  R  Q  D  V  S  H  A  F  M  Q  C
E  P  O  E  M  A  R  K  Q  U  L  D  U  F
D  M  W  N  U  Y  S  W  J  I  T  I  W  F
A  C  T  I  V  I  T  E  I  T  E  E  N  S
R  U  T  I  N  W  S  G  F  P  R  R  I  G
H  L  P  M  I  D  R  Y  C  U  R  E  E  S
L  T  E  H  A  R  I  K  J  T  E  N  U  K
R  U  U  B  T  W  U  N  S  T  I  V  W  Q
E  R  R  U  I  M  T  E  G  I  N  V  E  B
I  E  U  O  N  B  E  K  E  N  D  X  B  R
S  N  V  F  M  T  A  A  L  G  T  O  E  Y
```

ACTIVITEIT	VER
UITPUTTING	OPWINDING
DIEREN	RUIMTE
LEREN	TAAL
MOED	NIEUW
CULTUREN	WILD
ONBEKEND	TERREIN
BEPALING	REIS

81 - Campeonato

```
K  T  O  E  R  N  O  O  I  O  S  Z  X  O
T  A  M  M  M  O  T  I  V  A  T  I  E  T
C  R  M  W  G  V  L  I  G  A  R  A  F  A
C  U  A  P  G  A  M  E  S  G  A  R  M  D
P  T  C  N  I  T  E  A  M  C  T  K  Q  E
Z  R  M  Z  S  O  X  F  Z  S  E  C  Y  M
E  A  E  U  H  P  E  S  P  T  G  G  P  E
G  I  D  S  V  F  I  N  A  L  I  S  T  N
E  N  A  P  T  C  I  R  N  O  E  X  L  S
M  E  I  O  Z  A  C  P  A  Y  I  C  W  I
K  R  L  R  Y  U  T  A  Q  T  F  N  W  C
V  A  L  T  I  G  U  I  W  H  I  R  B  P
V  R  E  C  H  T  E  R  E  O  N  E  M  R
K  A  M  P  I  O  E  N  S  C  H  A  P  P
```

KAMPIOENSCHAP	LIGA
KAMPIOEN	MEDAILLE
SPORT	MOTIVATIE
TRAINER	PRESTATIE
TEAM	ADEMEN
STRATEGIE	TOERNOOI
FINALIST	TRANSPIRATIE
GAMES	ZEGE
RECHTER	

82 - Actividades y Ocio

```
L  Z  W  E  Z  H  O  V  G  H  K  W  E  W
Z  W  A  S  F  H  K  T  O  C  S  G  R  W
K  E  N  B  H  O  C  U  L  E  R  E  I  S
A  M  D  P  O  N  U  I  F  S  T  D  X  I
M  M  E  O  F  K  U  N  S  T  P  B  Q  I
P  E  L  C  Z  B  S  I  G  U  N  Y  A  H
E  N  E  S  R  A  C  E  N  S  R  T  G  L
R  Z  N  P  D  L  E  R  N  E  M  F  I  J
E  Z  I  T  O  Z  T  E  N  N  I  S  E  P
N  O  N  T  S  P  A  N  N  E  N  H  M  N
Q  S  C  H  I  L  D  E  R  I  J  U  R  S
B  A  S  K  E  T  B  A  L  Y  Y  W  W  H
Q  O  H  E  N  G  E  L  S  P  O  R  T  O
D  U  I  K  E  N  H  O  B  B  Y  L  I  J
```

HOBBY   TUINIEREN
KUNST   ZWEMMEN
BASKETBAL   HENGELSPORT
HONKBAL   SCHILDERIJ
BOKSEN   ONTSPANNEN
DUIKEN   WANDELEN
KAMPEREN   SURFEN
RACEN   TENNIS
VOETBAL   REIS
GOLF

83 - Comida #1

```
A V A L F B J J E M E L K S
S A L A D E R A A P O N U P
M R U E B A S I L I C U M I
S U I K E R E G B S I A Z N
E K N S F S O P K O T A O A
R N H T O N I J N E R R U Z
P O T J Z T G N J P O D T I
E F A L R G J F Z K E B W E
E L T Y Y L G E X D N E T Z
R O D K A N E E L S V I R N
O O P L D S R C G U E J Z N
W K P L J G S P P T G S N P
W M V K J E T C Z L L A E U
W O R T E L K I P P V P I R
```

KNOFLOOK	AARDBEI
BASILICUM	SAP
TONIJN	MELK
SUIKER	CITROEN
KANEEL	MUNT
VLEES	RAAP
GERST	PEER
UI	ZOUT
SALADE	SOEP
SPINAZIE	WORTEL

84 - Virtudes #1

```
S P U R F T C Z P S A G S I
B C F E N W V M R C R E G I
B E H G U L W A A H T P E N
P E T O P Y H M K A I A F T
A V S R O Y K Q T R S S F E
T K E L O N I F I M T S I L
I O K E I U K H S A I I C L
Ë B Y Z R S W S C N E O I I
N M G Y B Y S B H T K N Ë G
T M I X X D B E A S I E N E
F G R A P P I G N A Z E T N
N O E X Z T G R N D R R M T
B E S C H E I D E N I D X E
H D W I J S O Z O Z L W G Y
```

GEPASSIONEERD   GRAPPIG
ARTISTIEK   INTELLIGENT
GOED   SCHOON
BESLISSEND   BESCHEIDEN
EFFICIËNT   PATIËNT
CHARMANT   PRAKTISCH
BETROUWBAAR   WIJS
GUL

85 - Literatura

```
N  L  R  I  T  M  E  T  M  D  H  I  N  I
S  G  C  O  N  C  L  U  S  I  E  F  O  C
A  N  A  L  Y  S  E  Q  K  A  U  T  M  A
P  N  V  L  P  V  T  T  W  L  Z  J  S  G
O  M  E  T  A  F  O  O  R  O  S  L  C  E
Ë  G  R  K  T  N  O  T  L  O  A  D  H  S
T  E  T  A  D  H  T  F  Y  G  P  S  R  D
I  D  E  U  Z  O  E  R  F  I  C  T  I  E
S  I  L  T  M  K  T  M  V  I  R  I  J  M
C  C  L  E  P  I  I  E  A  I  O  J  V  T
H  H  E  U  J  R  G  P  Y  K  M  L  I  D
Y  T  R  R  S  J  Y  I  X  U  A  B  N  X
V  E  R  G  E  L  I  J  K  I  N  G  G  W
I  Q  E  A  N  A  L  O  G  I  E  W  A  O
```

ANALOGIE	FICTIE
ANALYSE	METAFOOR
ANEKDOTE	VERTELLER
AUTEUR	ROMAN
VERGELIJKING	GEDICHT
CONCLUSIE	POËTISCH
OMSCHRIJVING	RIJM
DIALOOG	RITME
STIJL	THEMA

86 - Clima

```
A T O D D A Q K P C F A M H
T E G R H O P O L A I R T V
M M W O F T N B L I K S E M
O P T O R N A D O T M M L X
S E W G W O L K E Z B A W C
F R P T W I N D D R N X A G
E A H E M E L O L I J C K T
E T O V E R S T R O M I N G
R U O A N S O T H Z D Q D B
O U E Q V F C J O B K I R R
M R M O E S S O N R J J O I
S E K O R K A A N W M S O E
M I S T R O P I S C H M G S
L P Y Y F X N U G B T Y T M
```

ATMOSFEER	POLAIR
BRIES	BLIKSEM
HEMEL	DROOG
KLIMAAT	DROOGTE
IJS	TEMPERATUUR
ORKAAN	STORM
OVERSTROMING	TORNADO
MOESSON	TROPISCH
MIST	DONDER
WOLK	WIND

87 - Comida #2

```
D  R  U  I  F  N  X  L  K  A  A  S  S  E
B  R  O  O  D  A  B  T  O  M  A  A  T  X
L  I  P  A  X  L  X  A  R  A  F  Q  U  O
Y  J  Y  O  G  H  U  R  T  N  L  E  U  D
K  S  J  U  J  R  E  W  I  D  U  J  S  U
I  T  S  B  C  T  H  E  P  E  I  H  V  S
U  F  N  E  A  S  V  I  S  L  L  D  Q  V
K  E  R  S  L  E  I  G  E  M  B  E  R  P
B  B  P  L  S  D  A  R  T  I  S  J  O  K
A  N  Z  O  N  N  E  B  L  O  E  M  V  I
N  P  K  I  P  P  V  R  T  K  E  N  Y  W
A  G  P  V  S  V  A  V  I  J  N  R  U  I
A  U  B  E  R  G  I  N  E  J  K  E  T  S
N  T  K  G  L  C  H  O  C  O  L  A  D  E
```

ARTISJOK	KIWI
AMANDEL	APPEL
SELDERIJ	BROOD
RIJST	BANAAN
AUBERGINE	KIP
KERS	KAAS
CHOCOLADE	TOMAAT
ZONNEBLOEM	TARWE
EI	DRUIF
GEMBER	YOGHURT

88 - Castillos

```
A O T X D L J J J G B E K J
I A N M U U R C M Z S J O X
E O Z U P R I N S W O G N F
U W G K A V D Y N A S T I E
Q Y Q R L I D R A A K R N O
P K Q O E A E F N R F I K D
R A G O I H R Y O D N J R A
I T A N S I A S M R C K I A
N A D R A O T R R W T R J L
S P R C D J Q E N K F A K T
E U T O R E N A V A B B P F
S L E E N H O O R N S A C N
O T H Q Z D T T E D E L E G
S C H I L D L I S A O K N L
```

HARNAS	FORT
RIDDER	RIJK
PAARD	EDELE
KATAPULT	PALEIS
KROON	MUUR
DYNASTIE	PRINSES
DRAAK	PRINS
SCHILD	KONINKRIJK
ZWAARD	TOREN
FEODAAL	EENHOORN

89 - Arte

```
V O N D E R W E R P Y R O G
B D K O R I G I N E E L A E
P U U I T D R U K K I N G Ï
K H S C H I L D E R I J E N
C O M P L E X S W B U I K S
Q E K E R A M I S C H E I P
B E E L D H O U W W E R K I
C N S U R R E A L I S M E R
R V C Y H U M E U R X H C E
E O Y N M E E R L I J K D E
Ë U I H A B K P F I G U U R
R D S C F Y O P O Ë Z I E D
E I C P E R S O O N L I J K
N G V M D K F Q L S H B W K
```

KERAMISCH   ORIGINEEL
COMPLEX   PERSOONLIJK
CREËREN   SCHILDERIJEN
BEELDHOUWWERK   POËZIE
UITDRUKKING   EENVOUDIG
FIGUUR   SYMBOOL
EERLIJK   SURREALISME
HUMEUR   ONDERWERP
GEÏNSPIREERD

90 - Herboristería

```
K  J  V  G  W  Y  M  V  S  A  D  L  B  Q
N  W  L  O  X  N  A  E  A  R  R  P  A  U
O  Q  A  B  M  V  R  N  F  O  A  E  S  J
F  F  V  L  F  N  J  K  F  M  G  T  I  F
L  T  E  O  I  Z  O  E  R  A  O  E  L  X
O  S  N  E  B  T  L  L  A  T  N  R  I  S
O  M  D  M  R  C  E  S  A  I  G  S  C  K
K  A  E  I  N  Q  I  I  N  S  N  E  U  C
Q  A  L  M  L  Y  N  A  T  C  A  L  M  H
H  K  I  B  P  L  A  N  T  H  R  I  U  Z
Y  L  L  G  R  O  E  N  R  U  U  E  N  O
C  U  L  I  N  A  I  R  O  Q  I  V  T  U
S  I  N  G  R  E  D  I  Ë  N  T  N  F  W
R  O  Z  E  M  A  R  I  J  N  A  N  Z  C
```

KNOFLOOK	INGREDIËNT
BASILICUM	TUIN
AROMATISCH	LAVENDEL
SAFFRAAN	MARJOLEIN
KWALITEIT	MUNT
CULINAIR	PETERSELIE
DILLE	PLANT
DRAGON	ROZEMARIJN
BLOEM	SMAAK
VENKEL	GROEN

91 - Verano

```
K  V  S  G  P  S  V  V  V  B  H  P  P  G
A  O  A  D  Q  V  T  V  N  Z  U  E  U  U
O  E  N  Z  A  R  H  R  T  U  I  N  K  W
N  D  D  V  L  E  S  I  A  S  S  B  B  Y
T  S  A  A  V  U  S  J  F  N  M  M  O  S
S  E  L  K  R  G  T  E  A  N  D  Z  E  E
P  L  E  A  I  D  E  T  M  G  Z  W  K  S
A  I  N  N  E  E  R  I  I  U  A  E  E  R
N  C  X  T  N  T  R  J  L  X  F  M  N  Q
N  F  X  I  D  X  E  D  I  D  Q  M  E  Q
I  B  P  E  E  T  N  E  E  F  R  E  I  S
N  J  A  F  N  M  U  Z  I  E  K  N  O  G
G  H  E  R  I  N  N  E  R  I  N  G  E  N
G  U  S  A  A  D  U  I  K  E  N  A  G  O
```

VREUGDE	ZEE
VRIENDEN	MUZIEK
DUIKEN	ZWEMMEN
VOEDSEL	VRIJE TIJD
STERREN	STRAND
FAMILIE	HERINNERINGEN
HUIS	ONTSPANNING
TUIN	SANDALEN
GAMES	VAKANTIE
BOEKEN	REIS

92 - Insectos

```
L T A D K A K K E R L A K B
A E Z Y Z J V S H M Q J Z I
R R D C E A H P L W E S P D
V M V K E V E R H I O F L S
E I J J O L M I E R B R S P
J E C C W O W N R V Z E M R
N T D D B R J K B L W M L I
P L F K W X X H L I U F G N
N B M I B E U A A N J E H K
P T U I W S G A D D X B O H
Q S J O U B V N L E D A R A
M U G Q D Y G F U R P E Z A
M O T V R X S C I C A D E N
M C M U I B L G S V Y K L O
```

BIJ	LARVE
WESP	LIBEL
HORZEL	BIDSPRINKHAAN
BLADLUIS	VLINDER
CICADE	MUG
KAKKERLAK	MOT
KEVER	VLO
WORM	SPRINKHAAN
MIER	TERMIET

93 - Especias

```
K N U M E T P G F X V N D B
A O R P C S Y E B W I O R C
N W M G K D U M P V J O O I
E Z A I W W I B S E L T P G
E Z O I J N O E Z N R M V K
L W L U D N M R G K A U A N
Y E B I T T E R M E W S N O
K R U I D N A G E L P K I F
S A F F R A A N J L H A L L
Z U U R S N S M A A K A L O
I J J E C I Y X V E P T E O
Z O E T C J P A P R I K A K
R D Z D V S O Y A O T L J V
K E R R I E S P M H N U Q T
```

ZUUR	ZOET
KNOFLOOK	VENKEL
BITTER	GEMBER
ANIJS	NOOTMUSKAAT
SAFFRAAN	PAPRIKA
KANEEL	PEPER
UI	DROP
KRUIDNAGEL	SMAAK
KOMIJN	ZOUT
KERRIE	VANILLE

94 - Emociones

```
K  V  E  R  R  A  S  S  I  N  G  T  L  F
A  O  T  Z  Q  V  L  I  E  F  D  E  C  J
L  N  T  E  D  E  R  H  E  I  D  U  V  J
M  T  G  J  O  P  G  E  W  O  N  D  E  N
D  S  R  S  H  G  W  O  D  B  T  A  R  B
R  P  T  Y  T  L  O  P  H  E  E  N  V  E
O  A  P  M  I  I  E  L  T  V  V  K  E  S
E  N  E  P  J  R  D  U  D  R  R  B  L  C
F  N  H  A  T  F  E  C  R  E  E  A  I  H
H  E  U  T  C  I  N  H  O  U  D  A  N  A
E  N  V  H  O  X  L  T  Y  G  E  R  G  A
I  Q  J  I  N  N  I  T  D  N  U  X  M
D  A  V  E  M  R  C  N  L  E  N  S  L  D
I  R  L  Q  N  C  U  G  P  H  X  T  Q  R
```

VERVELING	ANGST
DANKBAAR	VREDE
VREUGDE	ONTSPANNEN
OPLUCHTING	TEVREDEN
LIEFDE	SYMPATHIE
BESCHAAMD	VERRASSING
KALM	TEDERHEID
INHOUD	RUST
OPGEWONDEN	DROEFHEID
WOEDE	

95 - Mediciones

```
M  S  B  P  B  G  R  A  A  D  G  U  H  H
V  X  S  R  J  R  C  H  O  O  G  T  E  R
M  A  S  S  A  A  E  I  Z  Z  Z  Y  C  N
L  I  T  E  R  M  N  E  S  L  P  B  R  D
S  N  N  K  G  P  T  U  D  M  E  T  E  R
G  C  Y  U  T  D  I  E  P  T  E  O  C  U
B  H  I  Z  U  J  M  I  X  V  E  L  N  G
B  L  E  N  G  T  E  B  Y  T  E  O  P  D
Z  N  L  W  Y  T  T  Y  K  E  Y  K  S  G
Z  V  O  L  U  M  E  W  Y  M  B  F  I  B
J  K  I  L  O  G  R  A  M  E  G  N  U  V
D  E  C  I  M  A  A  L  T  J  X  X  I  G
M  F  G  E  W  I  C  H  T  O  N  S  F  E
K  I  L  O  M  E  T  E  R  K  N  P  J  Q
```

HOOGTE	LENGTE
BREEDTE	MASSA
BYTE	METER
CENTIMETER	MINUUT
DECIMAAL	ONS
GRAAD	GEWICHT
GRAM	DIEPTE
KILOGRAM	INCH
KILOMETER	TON
LITER	VOLUME

96 - Barcos

```
V Z E I L B O O T Y F K A R
E N K B J O I U O M K A N O
E R L E U E O S U G C J T Y
R W W M I C U W C U A J Z
B B A A N K E R I M G K B G
O F Q N O J A C H T R T B G
O A G N S M A R I T I E M U
T Y I I K E N X H M V L O T
Z E E N O E X V J A I K T I
D V J G M R G D J S E M W J
Q B O Y C Z G M A T R O O S
N A U T I S C H X X O T P U
V W A I G D X Q P E T O F E
H M J Z F Z C E F S M R K E
```

ANKER	MATROOS
VLOT	MARITIEM
BOEI	MAST
KANO	MOTOR
TOUW	NAUTISCH
VEERBOOT	OCEAAN
KAJAK	RIVIER
MEER	BEMANNING
ZEE	ZEILBOOT
TIJ	JACHT

97 - Antártida

```
M I N E R A L E N T D V I P
J A C S P W O L K E N O P C
G L E T S J E R S M B G I T
E X P E D I T I E P J E N O
R B M I G R A T I E H L G N
P O E H D I D V L R J S U D
F T T H S J L W A A Q G Ï E
B Z K S O Z L S N T T D N R
A S R Z A U R R D U F S C Z
A P G A A C D U E U I K F O
I G W O J B H G N R I D V E
M W A T E R T T Q B J F G K
I N H A M B K R I F S X I E
C O N T I N E N T G M V J R
```

WATER	EILANDEN
BAAI	MIGRATIE
BEHOUD	MINERALEN
CONTINENT	WOLKEN
INHAM	VOGELS
EXPEDITIE	PINGUÏN
GLETSJERS	ROTSACHTIG
IJS	TEMPERATUUR
ONDERZOEKER	

98 - Piratas

```
K M U P G R O T O V L A S P
A U D M O U U W K M E V L K
P N E F U B T M W N G O E A
I T P V D V L A G Q E N C A
T E L E S L I N H B N T H R
E N D I H S T R A N D U T T
I G Q L I V T Q G P E U U P
N H W A N K E R L A X R S S
P L M N A P K O M P A S C D
H T Z D J Y E E T E X V H O
G E V A A R N K U G Z A A F
Z W A A R D I J I A T K T K
W J K O U K N P Y A R N V Y
A R W B E M A N N I N G V E
```

ANKER	PAPEGAAI
AVONTUUR	SLECHT
VLAG	KAART
KOMPAS	MUNTEN
KAPITEIN	GOUD
LITTEKEN	GEVAAR
GROT	STRAND
ZWAARD	RUM
EILAND	SCHAT
LEGENDE	BEMANNING

99 - Mamíferos

```
S C H A A P S P T Z H V B K
T U J T D O L F I J N O X A
I K J J G O R I L L A S N T
E K O N I J N C O Y O T E D
R Z E B R A O L I F A N T W
E L Z K A N G O E R O E W O
V A E A F Q B X Z A Z T A L
P L L M A S A E E E A M L F
A C H E Y P M X E J F P V M
A X R E L D R W T R F S I K
R C E L W C Z F Y Q Y P S S
D F E H H A B R H D M F R U
A G K P W Y Y U H Q V C P N
A H R X Y H U I V I A P M W
```

WALVIS	KAT
EZEL	GORILLA
PAARD	GIRAF
KAMEEL	WOLF
KANGOEROE	AAP
ZEBRA	BEER
KONIJN	SCHAAP
COYOTE	HOND
DOLFIJN	STIER
OLIFANT	VOS

100 - Abejas

```
H T W S L R I H C V F C K Z
B V A N Z W E R M T E H N O
D L V S S T U I F M E E L N
I R O O K Y H O N I N G A P
V Q O E E C O S Y S T E E M
E V R V M B G O K S E P C V
R L D C V E I W A S P C N O
S E E R X T N J I B O O T E
I U L F R U I T E O V E C D
T G I Q D I P L A N T E N S
E E G Q S N B U H K K L G E
I L C K O N I N G I N O B L
T S B E S T U I V E R S R H
B L O E S E M W B E D Z W F
```

VLEUGELS
VOORDELIG
WAS
BIJENKORF
VOEDSEL
DIVERSITEIT
ECOSYSTEEM
ZWERM
BLOESEM
BLOEMEN

FRUIT
ROOK
INSECT
TUIN
HONING
PLANTEN
STUIFMEEL
BESTUIVER
KONINGIN
ZON

1 - Ajedrez

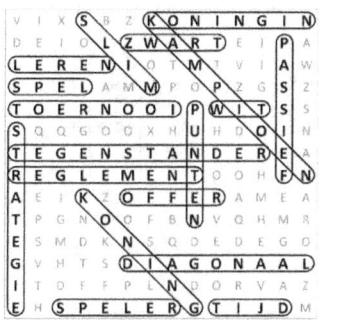

2 - Agua

3 - Granja #2

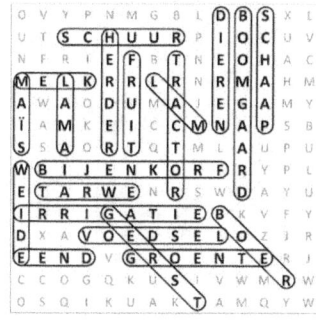

4 - Mueble

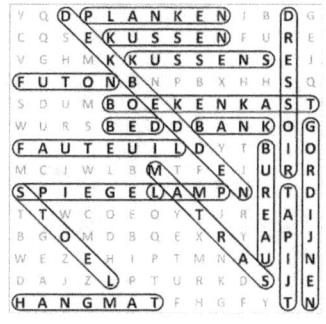

5 - Pesca

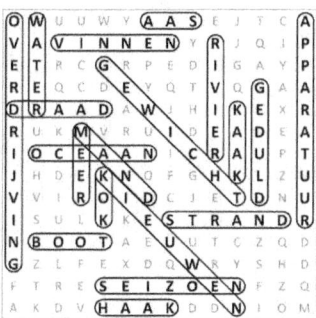

6 - Aviones

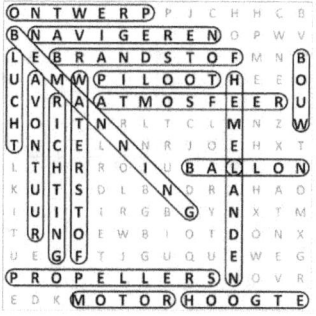

7 - Tipos de Cabello

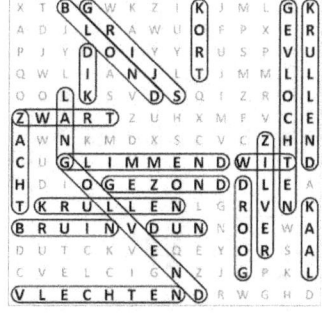

8 - Ciencia Ficción

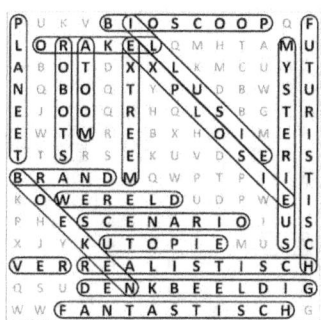

9 - Juguetes

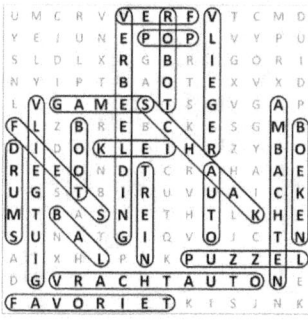

10 - Circo

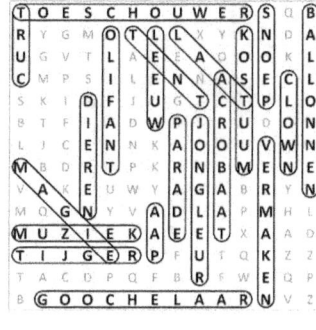

11 - Rellenar

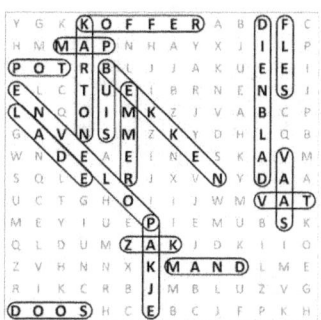

12 - Granja #1

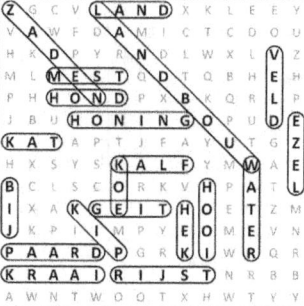

13 - Camping

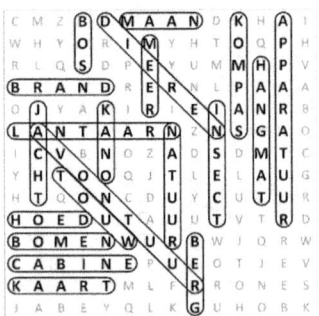

14 - Fruta

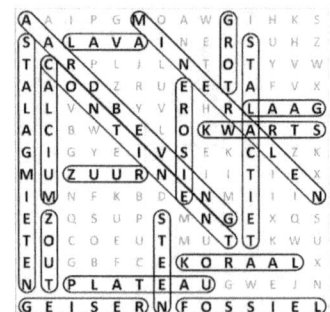

15 - Geología

16 - Plantas

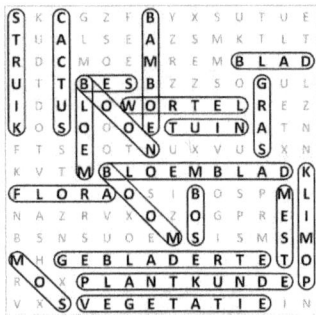

17 - Suministros de Arte

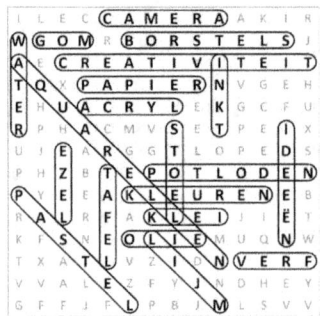

18 - Jardín

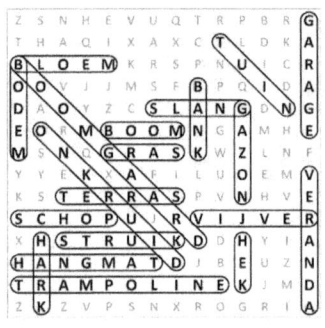

19 - Países #2

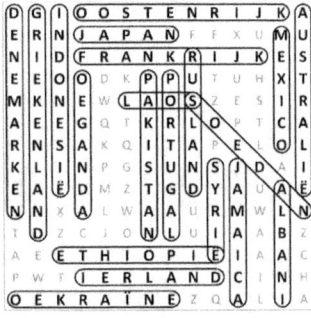

20 - Tecnología

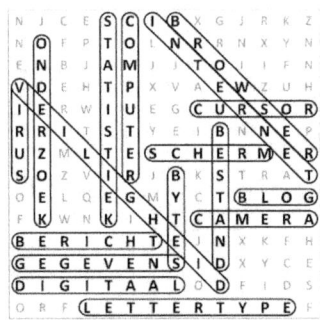

21 - Números

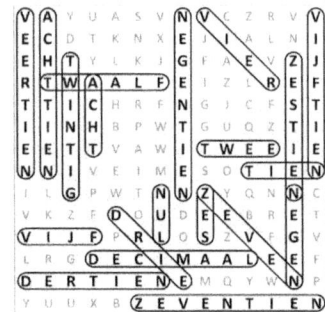

22 - Mitología

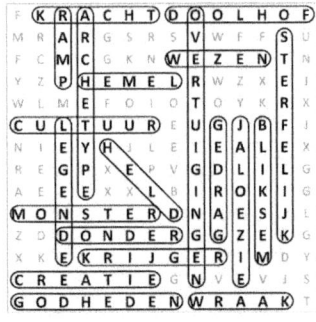

23 - Ecología

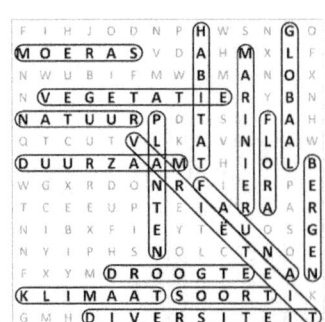

24 - Casa

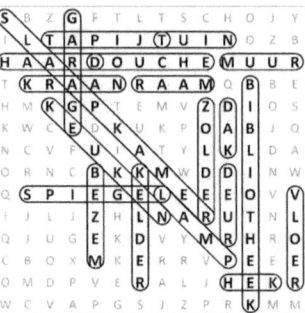

25 - Artes Visuales

WAS, PEN, KRAM, PORTRET, SAMENSTELLING, STENCIL, DOEK, MEESTERWERK, FOTO, VERNIS, WIT

26 - Escuela #2

BOEKEN, LERAAR, GAMES, LITERATUUR, SCHAAR, PAPIER, RUGZAK, COMPUTER, KALENDER, ONDERWIJS, GRAMMATICA, BENODIGDHEDEN

27 - Selva Tropical

TOEVLUCHT, RESPECT, WOLKEN, SOORTE, NATUUR, BOTANISCH, GEMEENSCHAP, DIVERSITEIT

28 - Colores

BEIGE, BRUIN, AZUUR, FUCHSIA, ROZE, INDIGO, GEEL, ROOD, SEPIA, MAGENTA, WIT

29 - Adjetivos #1

ENORM, ONSCHULDIG, BELANGRIJK, EERLIJK, AROMATISCH, PERFECTO, ZWAAR, WAARDEVOL, ABSOLUUT, GROOT, GLAMBITIEUS, CULM, MODERN

30 - Familia

VROUW, DOCHTER, TWEELING, ZUS, KINDR, VOOROUDER, OOM, GROOT, NEEF, ZOON

31 - Disciplinas Científicas

ECOLOGIE, FYSIOLOGIE, GEOLOGIE, PSYCHOLOGIE, MINERALOGIE, IMMUNOLOGIE

32 - Gatos

STAART, GEK, KLAUW, VERLEGEN, SNEL, POOT, NIEUWSGIERIG, BONT, ONAFHANKELIJK, GRAPPIG

33 - Cocina

MESSEN, KOM, VRIEZER, RECEPT, SERVET, LEPELS, VORKEN, KOELKAST, ETEN

34 - Escuela #1

LEREN, MAPPEN, LERAAR, BIBLIOTHEEK, POTLOOD, EXAMENS, BOEKEN, KLASLOKAAL, ANTWOORD

35 - Adjetivos #2

ZOET, ZOUT, MOE, MST, PITTIG, DRAMATISCH, STERK, GEZOND, INTERESSANT, BESCHRIJVEN

36 - Cuerpo Humano

SCHOUDER, HAND, BEEN, KNIE, HUID, TONG, ENKEL, HERSENEN

37 - Ciencia

38 - Dinosaurios

39 - Restaurante #2

40 - Profesiones #1

41 - Vehículos

42 - Vacaciones #2

43 - Cumpleaños

44 - Baile

45 - Matemáticas

46 - Restaurante #1

47 - Profesiones #2

48 - Senderismo

49 - Naturaleza

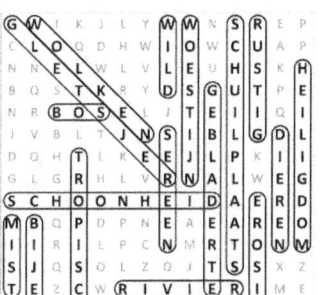

50 - Conduciendo

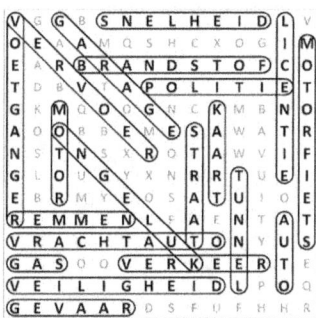

51 - Ballet

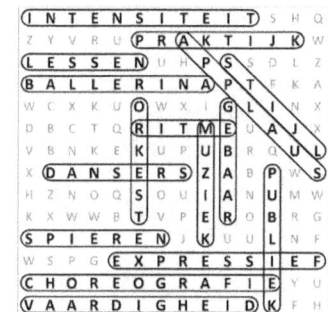

52 - Aventura

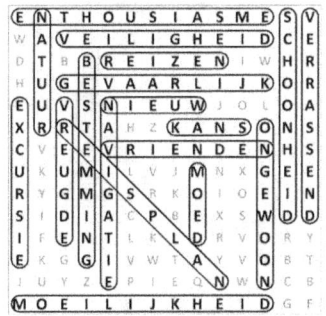

53 - Pájaros

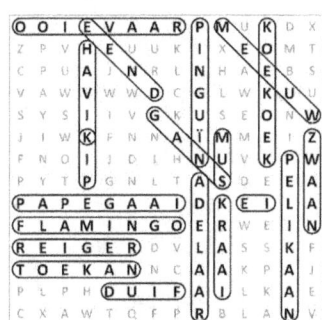

54 - Playa

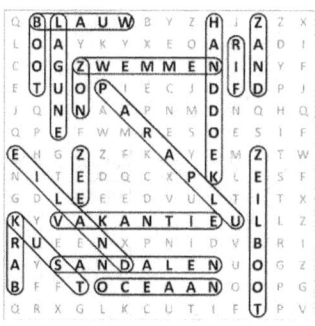

55 - Surf

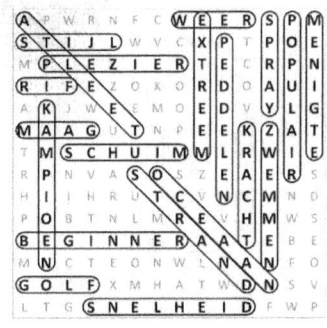

56 - Geografía

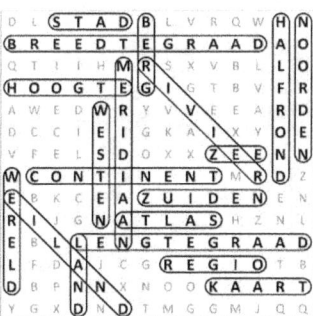

57 - Deportes

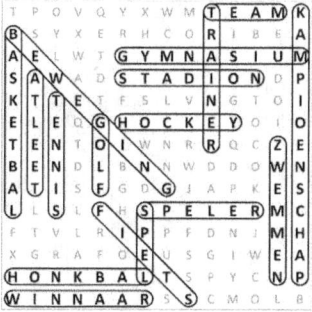

58 - Actividades

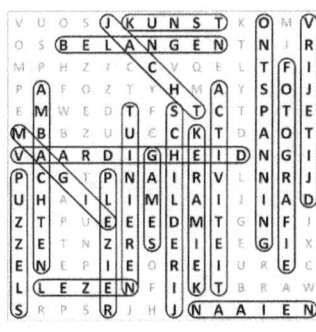

59 - Verduras

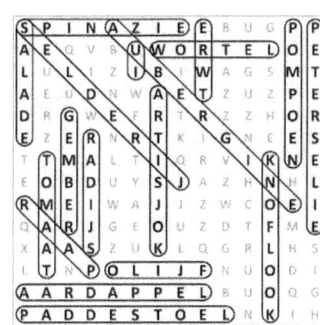

60 - Instrumentos Musicales

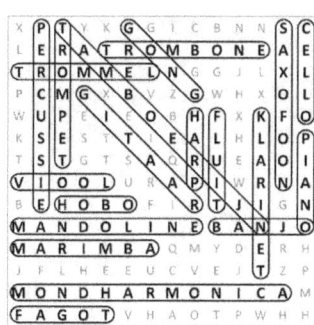

61 - Escalada

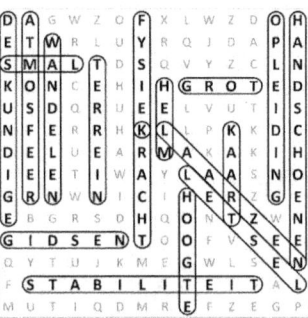

62 - Mascotas

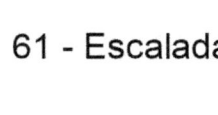

63 - Formas

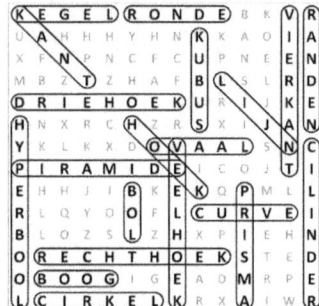

64 - Flores

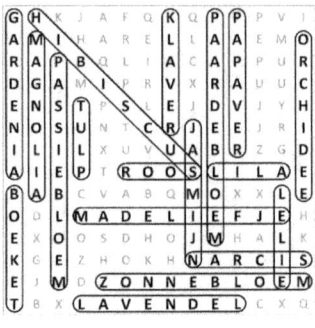

65 - Astronomía

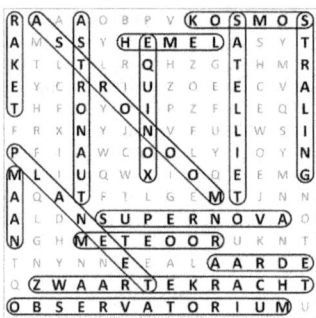

66 - Tiempo

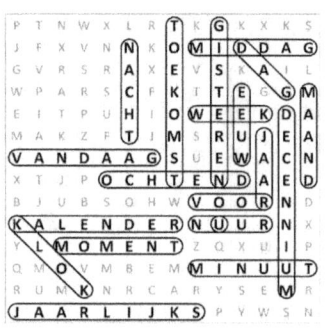

67 - Paisajes

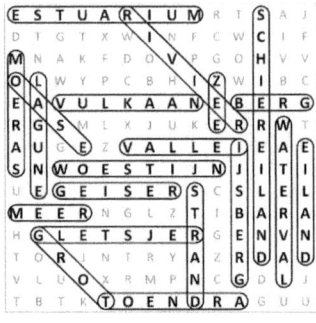

68 - Días y Meses

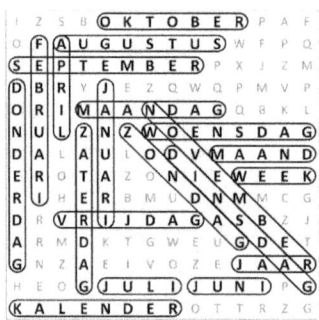

69 - Chocolate

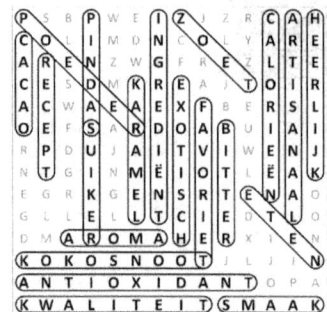

70 - Barbacoas

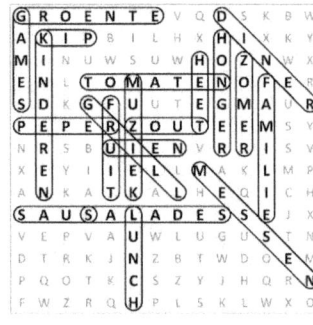

71 - Ropa

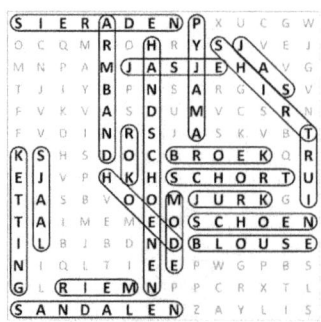

72 - Meditación

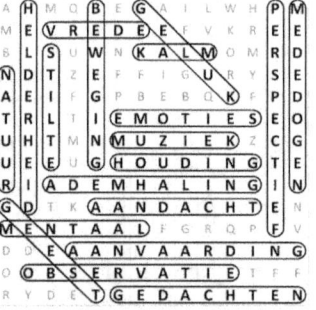

73 - Comedia

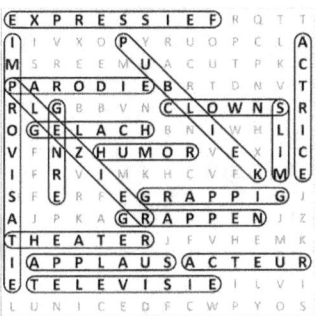

74 - Libros

75 - Nutrición

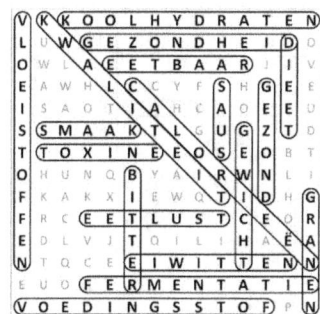

76 - Edificios

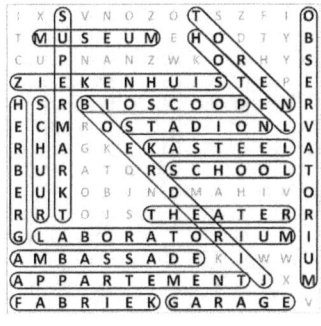

77 - Océano

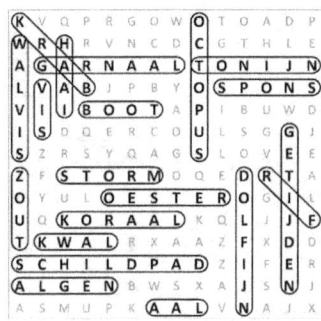

78 - Ciudad

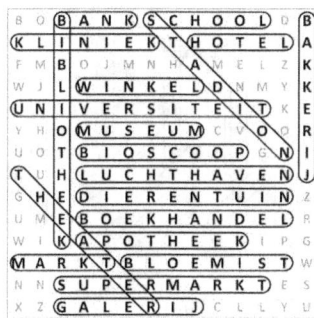

79 - Conservación

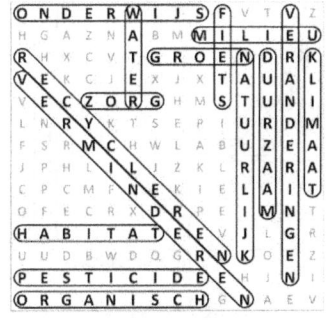

80 - Exploración

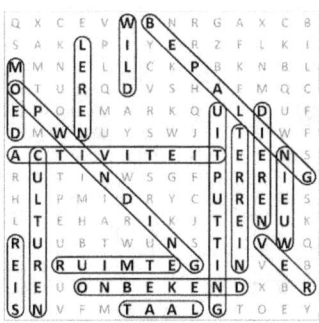

81 - Campeonato

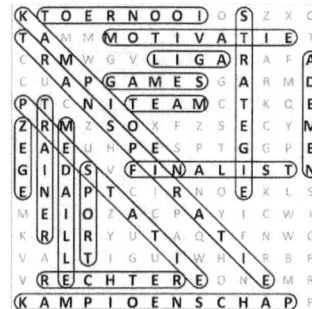

82 - Actividades y Ocio

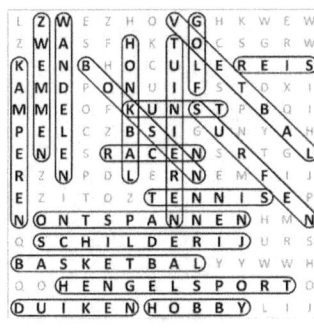

83 - Comida #1

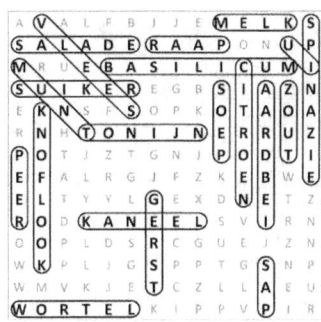

84 - Virtudes #1

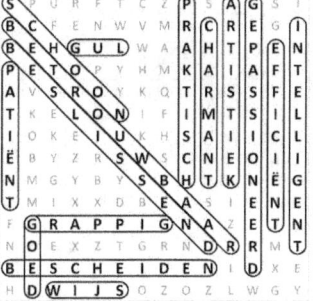

85 - Literatura

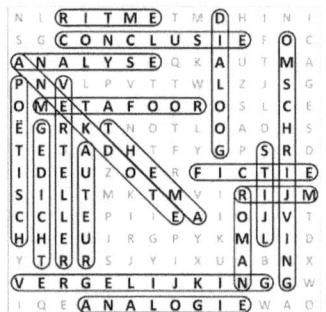

86 - Clima

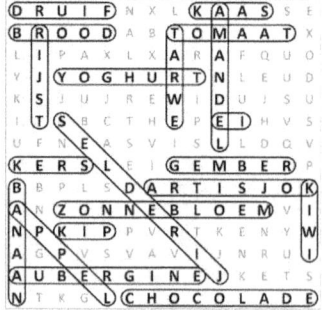

87 - Comida #2

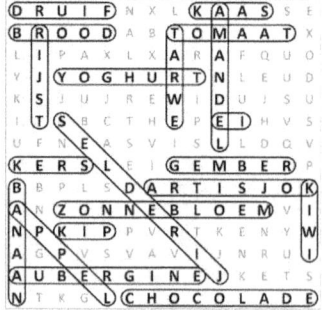

88 - Castillos

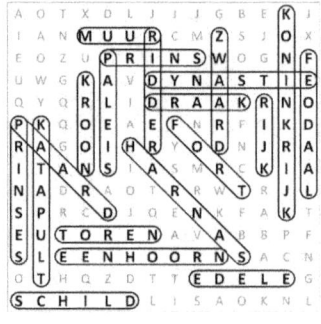

89 - Arte

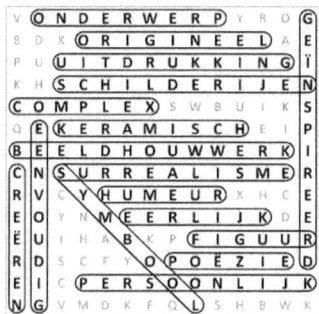

90 - Herboristería

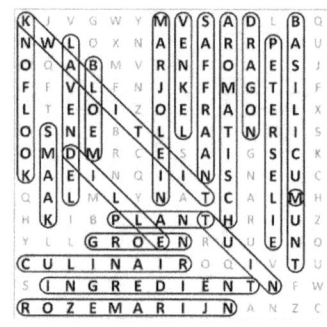

91 - Verano

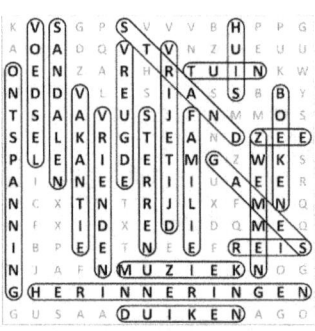

92 - Insectos

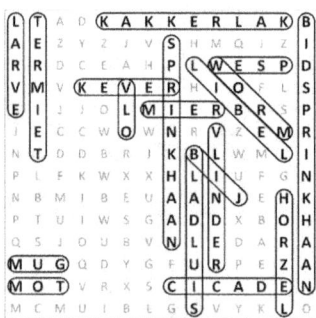

93 - Especias

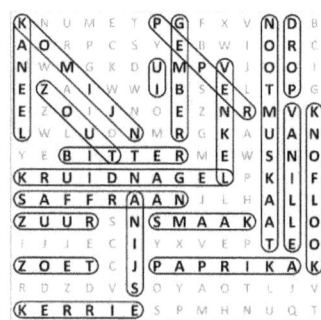

94 - Emociones

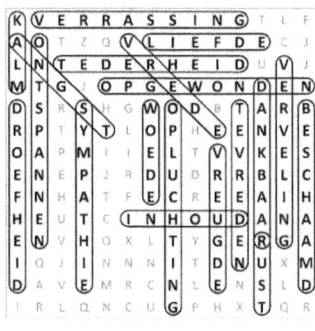

95 - Mediciones

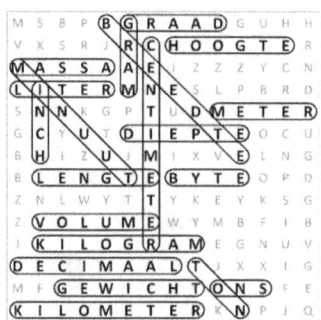

96 - Barcos

97 - Antártida

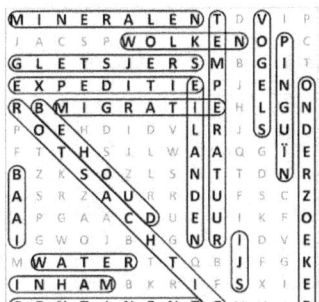

98 - Piratas

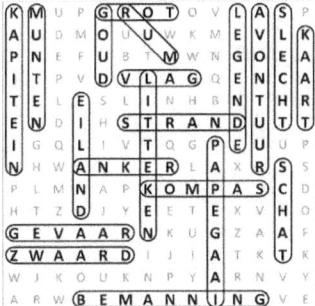

99 - Mamíferos

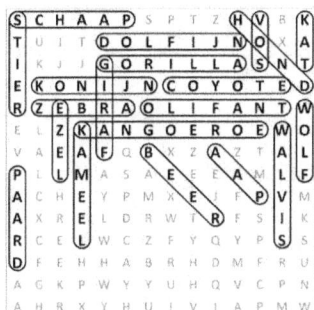

100 - Abejas

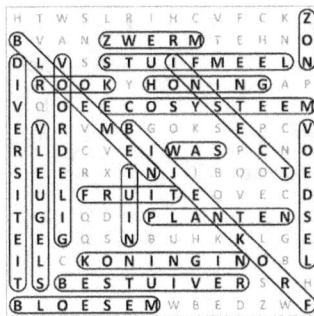

Diccionario

Abejas
Bijen

Alas	Vleugels
Beneficioso	Voordelig
Cera	Was
Colmena	Bijenkorf
Comida	Voedsel
Diversidad	Diversiteit
Ecosistema	Ecosysteem
Enjambre	Zwerm
Flor	Bloesem
Flores	Bloemen
Fruta	Fruit
Humo	Rook
Insecto	Insect
Jardín	Tuin
Miel	Honing
Plantas	Planten
Polen	Stuifmeel
Polinizador	Bestuiver
Reina	Koningin
Sol	Zon

Actividades
Activiteiten

Actividad	Activiteit
Arte	Kunst
Artesanía	Ambachten
Caza	Jacht
Cerámica	Keramiek
Costura	Naaien
Fotografía	Fotografie
Habilidad	Vaardigheid
Intereses	Belangen
Jardinería	Tuinieren
Juegos	Games
Lectura	Lezen
Magia	Magie
Ocio	Vrije Tijd
Pesca	Hengelsport
Pintura	Schilderij
Placer	Plezier
Relajación	Ontspanning
Rompecabezas	Puzzels
Senderismo	Wandelen

Actividades y Ocio
Activiteiten en Vrije Ti

Aficiones	Hobby
Arte	Kunst
Baloncesto	Basketbal
Béisbol	Honkbal
Boxeo	Boksen
Buceo	Duiken
Camping	Kamperen
Carreras	Racen
Fútbol	Voetbal
Golf	Golf
Jardinería	Tuinieren
Natación	Zwemmen
Pesca	Hengelsport
Pintura	Schilderij
Relajante	Ontspannen
Senderismo	Wandelen
Surf	Surfen
Tenis	Tennis
Viaje	Reis
Voleibol	Volleybal

Adjetivos #1
Bijvoeglijke Naamwoorden

Absoluto	Absoluut
Activo	Actief
Ambicioso	Ambitieus
Aromático	Aromatisch
Atractivo	Aantrekkelijk
Brillante	Helder
Enorme	Enorm
Generoso	Gul
Grande	Groot
Honesto	Eerlijk
Importante	Belangrijk
Inocente	Onschuldig
Joven	Jong
Lento	Langzaam
Moderno	Modern
Oscuro	Donker
Perfecto	Perfect
Pesado	Zwaar
Serio	Ernstig
Valioso	Waardevol

Adjetivos #2
Bijvoeglijke Naamwoorden

Cansado	Moe
Comestible	Eetbaar
Creativo	Creatief
Descriptivo	Beschrijvend
Dramático	Dramatisch
Dulce	Zoet
Elegante	Elegant
Famoso	Beroemd
Fresco	Vers
Fuerte	Sterk
Interesante	Interessant
Natural	Natuurlijk
Normal	Normaal
Nuevo	Nieuw
Orgulloso	Trots
Picante	Pittig
Productivo	Productief
Salado	Zout
Saludable	Gezond
Seco	Droog

Agua
Water

Canal	Kanaal
Ducha	Douche
Evaporación	Verdamping
Géiser	Geiser
Helada	Vorst
Hielo	Ijs
Humedad	Vochtigheid
Huracán	Orkaan
Húmedo	Vochtig
Inundación	Overstroming
Lago	Meer
Lluvia	Regen
Monzón	Moesson
Nieve	Sneeuw
Océano	Oceaan
Olas	Golven
Potable	Drinkbaar
Riego	Irrigatie
Río	Rivier
Vapor	Stoom

Ajedrez
Schaken

Aprender	Leren
Blanco	Wit
Campeón	Kampioen
Concurso	Wedstrijd
Diagonal	Diagonaal
Estrategia	Strategie
Inteligente	Slim
Juego	Spel
Jugador	Speler
Negro	Zwart
Oponente	Tegenstander
Pasivo	Passief
Puntos	Punten
Reglas	Reglement
Reina	Koningin
Rey	Koning
Sacrificio	Offer
Tiempo	Tijd
Torneo	Toernooi

Antártida
Antarctica

Agua	Water
Bahía	Baai
Conservación	Behoud
Continente	Continent
Ensenada	Inham
Expedición	Expeditie
Geografía	Geografie
Glaciares	Gletsjers
Hielo	Ijs
Investigador	Onderzoeker
Islas	Eilanden
Migración	Migratie
Minerales	Mineralen
Nubes	Wolken
Pájaros	Vogels
Península	Schiereiland
Pingüinos	Pinguïn
Rocoso	Rotsachtig
Temperatura	Temperatuur
Topografía	Topografie

Arte
Kunst

Cerámica	Keramisch
Complejo	Complex
Composición	Samenstelling
Crear	Creëren
Escultura	Beeldhouwwerk
Expresión	Uitdrukking
Figura	Figuur
Honesto	Eerlijk
Humor	Humeur
Inspirado	Geïnspireerd
Original	Origineel
Personal	Persoonlijk
Pinturas	Schilderijen
Poesía	Poëzie
Retratar	Portretteren
Sencillo	Eenvoudig
Símbolo	Symbool
Surrealismo	Surrealisme
Tema	Onderwerp
Visual	Visueel

Artes Visuales
Beeldende Kunsten

Arcilla	Klei
Arquitectura	Architectuur
Artista	Artiest
Barniz	Vernis
Caballete	Ezel
Cera	Was
Cerámica	Keramiek
Composición	Samenstelling
Creatividad	Creativiteit
Escultura	Beeldhouwwerk
Fotografía	Foto
Lápiz	Potlood
Obra Maestra	Meesterwerk
Película	Film
Perspectiva	Perspectief
Pintura	Schilderij
Plantilla	Stencil
Pluma	Pen
Retrato	Portret
Tiza	Krijt

Astronomía
Astronomie

Asteroide	Asteroïde
Astronauta	Astronaut
Astrónomo	Astronoom
Cielo	Hemel
Cohete	Raket
Constelación	Sterrenbeeld
Cosmos	Kosmos
Eclipse	Verduistering
Equinoccio	Equinox
Gravedad	Zwaartekracht
Luna	Maan
Meteoro	Meteoor
Observatorio	Observatorium
Planeta	Planeet
Radiación	Straling
Satélite	Satelliet
Supernova	Supernova
Telescopio	Telescoop
Tierra	Aarde
Universo	Universum

Aventura
Avontuur

Actividad	Activiteit
Alegría	Vreugde
Amigos	Vrienden
Belleza	Schoonheid
Destino	Bestemming
Dificultad	Moeilijkheid
Entusiasmo	Enthousiasme
Excursión	Excursie
Inusual	Ongewoon
Itinerario	Reisplan
Naturaleza	Natuur
Navegación	Navigatie
Nuevo	Nieuw
Oportunidad	Kans
Peligroso	Gevaarlijk
Preparación	Voorbereiding
Seguridad	Veiligheid
Sorprendente	Verrassend
Valentía	Moed
Viajes	Reizen

Aviones
Vliegtuigen

Aire	Lucht
Altura	Hoogte
Aterrizaje	Landen
Atmósfera	Atmosfeer
Aventura	Avontuur
Cielo	Hemel
Combustible	Brandstof
Construcción	Bouw
Dirección	Richting
Diseño	Ontwerp
Globo	Ballon
Hélices	Propellers
Hidrógeno	Waterstof
Historia	Geschiedenis
Motor	Motor
Navegar	Navigeren
Pasajero	Passagier
Piloto	Piloot
Tripulación	Bemanning
Turbulencia	Turbulentie

Baile
Dans

Academia	Academie
Alegre	Blij
Arte	Kunst
Clásico	Klassiek
Coreografía	Choreografie
Cuerpo	Lichaam
Cultura	Cultuur
Cultural	Cultureel
Emoción	Emotie
Ensayo	Repetitie
Expresivo	Expressief
Gracia	Genade
Movimiento	Beweging
Música	Muziek
Postura	Houding
Ritmo	Ritme
Saltar	Springen
Socio	Partner
Tradicional	Traditioneel
Visual	Visueel

Ballet
Ballet

Aplauso	Applaus
Artístico	Artistiek
Audiencia	Publiek
Bailarina	Ballerina
Bailarines	Dansers
Compositor	Componist
Coreografía	Choreografie
Ensayo	Repetitie
Estilo	Stijl
Expresivo	Expressief
Gesto	Gebaar
Habilidad	Vaardigheid
Intensidad	Intensiteit
Lecciones	Lessen
Músculos	Spieren
Música	Muziek
Orquesta	Orkest
Práctica	Praktijk
Ritmo	Ritme
Técnica	Techniek

Barbacoas
Barbecues

Almuerzo	Lunch
Caliente	Heet
Cebollas	Uien
Cena	Diner
Cuchillos	Messen
Ensaladas	Salades
Familia	Familie
Fruta	Fruit
Hambre	Honger
Juegos	Games
Música	Muziek
Niños	Kinderen
Parrilla	Grill
Pimienta	Peper
Pollo	Kip
Sal	Zout
Salsa	Saus
Tomates	Tomaten
Verano	Zomer
Verduras	Groente

Barcos
Boten

Ancla	Anker
Balsa	Vlot
Boya	Boei
Canoa	Kano
Cuerda	Touw
Ferry	Veerboot
Kayak	Kajak
Lago	Meer
Mar	Zee
Marea	Tij
Marinero	Matroos
Marítimo	Maritiem
Mástil	Mast
Motor	Motor
Náutico	Nautisch
Océano	Oceaan
Río	Rivier
Tripulación	Bemanning
Velero	Zeilboot
Yate	Jacht

Campeonato
Kampioenschap

Campeonato	Kampioenschap
Campeón	Kampioen
Deportes	Sport
Entrenador	Trainer
Equipo	Team
Estrategia	Strategie
Finalista	Finalist
Juegos	Games
Juez	Rechter
Liga	Liga
Medalla	Medaille
Motivación	Motivatie
Rendimiento	Prestatie
Respirar	Ademen
Torneo	Toernooi
Transpiración	Transpiratie
Victoria	Zege

Camping
Camping

Animales	Dieren
Aventura	Avontuur
Árboles	Bomen
Bosque	Bos
Brújula	Kompas
Cabina	Cabine
Canoa	Kano
Caza	Jacht
Cuerda	Touw
Equipo	Apparatuur
Fuego	Brand
Hamaca	Hangmat
Insecto	Insect
Lago	Meer
Linterna	Lantaarn
Luna	Maan
Mapa	Kaart
Montaña	Berg
Naturaleza	Natuur
Sombrero	Hoed

Casa
Huis

Alfombra	Tapijt
Ático	Zolder
Biblioteca	Bibliotheek
Chimenea	Haard
Cocina	Keuken
Dormitorio	Slaapkamer
Ducha	Douche
Escoba	Bezem
Espejo	Spiegel
Garaje	Garage
Grifo	Kraan
Jardín	Tuin
Lámpara	Lamp
Pared	Muur
Piso	Vloer
Puerta	Deur
Sótano	Kelder
Techo	Dak
Valla	Hek
Ventana	Raam

Castillos
Kastelen

Armadura	Harnas
Caballero	Ridder
Caballo	Paard
Catapulta	Katapult
Corona	Kroon
Dinastía	Dynastie
Dragón	Draak
Escudo	Schild
Espada	Zwaard
Feudal	Feodaal
Fortaleza	Fort
Imperio	Rijk
Noble	Edele
Palacio	Paleis
Pared	Muur
Princesa	Prinses
Príncipe	Prins
Reino	Koninkrijk
Torre	Toren
Unicornio	Eenhoorn

Chocolate
Chocolade

Amargo	Bitter
Antioxidante	Antioxidant
Aroma	Aroma
Artesanal	Artisanaal
Azúcar	Suiker
Cacahuetes	Pinda'S
Cacao	Cacao
Calidad	Kwaliteit
Calorías	Calorieën
Caramelo	Karamel
Coco	Kokosnoot
Comer	Eten
Delicioso	Heerlijk
Dulce	Zoet
Exótico	Exotisch
Favorito	Favoriet
Gusto	Smaak
Ingrediente	Ingrediënt
Polvo	Poeder
Receta	Recept

Ciencia
Wetenschap

Átomo	Atoom
Científico	Wetenschapper
Clima	Klimaat
Datos	Gegevens
Evolución	Evolutie
Experimento	Experiment
Física	Natuurkunde
Fósil	Fossiel
Gravedad	Zwaartekracht
Hecho	Feit
Hipótesis	Hypothese
Laboratorio	Laboratorium
Método	Methode
Minerales	Mineralen
Moléculas	Moleculen
Naturaleza	Natuur
Organismo	Organisme
Partículas	Deeltjes
Plantas	Planten
Químico	Chemisch

Ciencia Ficción
Meer Informatie

Atómico	Atoom
Cine	Bioscoop
Distante	Ver
Escenario	Scenario
Explosión	Explosie
Extremo	Extreem
Fantástico	Fantastisch
Fuego	Brand
Futurista	Futuristisch
Ilusión	Illusie
Imaginario	Denkbeeldig
Libros	Boeken
Misterioso	Mysterieus
Mundo	Wereld
Oráculo	Orakel
Planeta	Planeet
Realista	Realistisch
Robots	Robots
Tecnología	Technologie
Utopía	Utopie

Circo
Circus

Acróbata	Acrobaat
Animales	Dieren
Caramelo	Snoep
Carpa	Tent
Desfile	Parade
Elefante	Olifant
Entretener	Vermaken
Espectador	Toeschouwer
Globos	Ballonnen
León	Leeuw
Magia	Magie
Mago	Goochelaar
Malabarista	Jongleur
Mono	Aap
Mostrar	Laat
Música	Muziek
Payaso	Clown
Tigre	Tijger
Traje	Kostuum
Truco	Truc

Ciudad
Stad

Aeropuerto	Luchthaven
Banco	Bank
Biblioteca	Bibliotheek
Cine	Bioscoop
Clínica	Kliniek
Escuela	School
Estadio	Stadion
Farmacia	Apotheek
Florista	Bloemist
Galería	Galerij
Hotel	Hotel
Librería	Boekhandel
Mercado	Markt
Museo	Museum
Panadería	Bakkerij
Supermercado	Supermarkt
Teatro	Theater
Tienda	Winkel
Universidad	Universiteit
Zoo	Dierentuin

Clima
Weersomstandigheden

Atmósfera	Atmosfeer
Brisa	Bries
Cielo	Hemel
Clima	Klimaat
Hielo	Ijs
Huracán	Orkaan
Inundación	Overstroming
Monzón	Moesson
Niebla	Mist
Nube	Wolk
Polar	Polair
Rayo	Bliksem
Seco	Droog
Sequía	Droogte
Temperatura	Temperatuur
Tormenta	Storm
Tornado	Tornado
Tropical	Tropisch
Trueno	Donder
Viento	Wind

Cocina
Keuken

Caldera	Ketel
Comer	Eten
Comida	Voedsel
Congelador	Vriezer
Cucharas	Lepels
Cucharón	Pollepel
Cuchillos	Messen
Delantal	Schort
Especias	Specerijen
Esponja	Spons
Horno	Oven
Jarra	Kruik
Palillos	Eetstokjes
Parrilla	Grill
Receta	Recept
Refrigerador	Koelkast
Servilleta	Servet
Tazas	Cup
Tazón	Kom
Tenedores	Vorken

Colores
Kleuren

Amarillo	Geel
Azul	Blauw
Azur	Azuur
Beige	Beige
Blanco	Wit
Cian	Cyaan
Fucsia	Fuchsia
Gris	Grijs
Índigo	Indigo
Magenta	Magenta
Marrón	Bruin
Naranja	Oranje
Negro	Zwart
Púrpura	Paars
Rojo	Rood
Rosa	Roze
Sepia	Sepia
Verde	Groen

Comedia
Komedie

Actor	Acteur
Actriz	Actrice
Aplauso	Applaus
Audiencia	Publiek
Chistes	Grappen
Diversión	Plezier
Expresivo	Expressief
Género	Genre
Gracioso	Grappig
Humor	Humor
Improvisación	Improvisatie
Inteligente	Slim
Parodia	Parodie
Payasos	Clowns
Risa	Gelach
Teatro	Theater
Televisión	Televisie

Comida #1
Eten #1

Ajo	Knoflook
Albahaca	Basilicum
Atún	Tonijn
Azúcar	Suiker
Canela	Kaneel
Carne	Vlees
Cebada	Gerst
Cebolla	Ui
Ensalada	Salade
Espinacas	Spinazie
Fresa	Aardbei
Jugo	Sap
Leche	Melk
Limón	Citroen
Menta	Munt
Nabo	Raap
Pera	Peer
Sal	Zout
Sopa	Soep
Zanahoria	Wortel

Comida #2
Eten #2

Spanish	Dutch
Alcachofa	Artisjok
Almendra	Amandel
Apio	Selderij
Arroz	Rijst
Berenjena	Aubergine
Cereza	Kers
Chocolate	Chocolade
Girasol	Zonnebloem
Huevo	Ei
Jengibre	Gember
Kiwi	Kiwi
Manzana	Appel
Pan	Brood
Plátano	Banaan
Pollo	Kip
Queso	Kaas
Tomate	Tomaat
Trigo	Tarwe
Uva	Druif
Yogur	Yoghurt

Conduciendo
Rijden

Spanish	Dutch
Accidente	Ongeluk
Calle	Straat
Camión	Vrachtauto
Coche	Auto
Combustible	Brandstof
Frenos	Remmen
Garaje	Garage
Gas	Gas
Licencia	Licentie
Mapa	Kaart
Motocicleta	Motorfiets
Motor	Motor
Peatonal	Voetganger
Peligro	Gevaar
Policía	Politie
Seguridad	Veiligheid
Transporte	Vervoer
Tráfico	Verkeer
Túnel	Tunnel
Velocidad	Snelheid

Conservación
Behoud

Spanish	Dutch
Agua	Water
Ambiental	Milieu
Cambios	Veranderingen
Ciclo	Fiets
Clima	Klimaat
Contaminación	Vervuiling
Ecosistema	Ecosysteem
Educación	Onderwijs
Hábitat	Habitat
Natural	Natuurlijk
Orgánico	Organisch
Pesticida	Pesticide
Preocupación	Zorg
Reciclar	Recycleren
Reducir	Verminderen
Salud	Gezondheid
Sostenible	Duurzaam
Verde	Groen
Voluntario	Vrijwilliger

Cuerpo Humano
Menselijk Lichaam

Spanish	Dutch
Barbilla	Kin
Boca	Mond
Cabeza	Hoofd
Cara	Gezicht
Cerebro	Hersenen
Codo	Elleboog
Corazón	Hart
Cuello	Nek
Dedo	Vinger
Hombro	Schouder
Lengua	Tong
Mano	Hand
Nariz	Neus
Ojo	Oog
Oreja	Oor
Piel	Huid
Pierna	Been
Rodilla	Knie
Sangre	Bloed
Tobillo	Enkel

Cumpleaños
Verjaardag

Spanish	Dutch
Alegre	Blij
Amigos	Vrienden
Año	Jaar
Aprender	Leren
Calendario	Kalender
Canción	Lied
Celebración	Viering
Día	Dag
Especial	Speciaal
Feliz	Gelukkig
Invitaciones	Uitnodigingen
Joven	Jong
Partido	Partij
Pastel	Cake
Recuerdos	Herinneringen
Regalo	Geschenk
Sabiduría	Wijsheid
Tarjetas	Kaarten
Tiempo	Tijd
Velas	Kaarsen

Deportes
Sport

Atleta	Atleet
Baloncesto	Basketbal
Béisbol	Honkbal
Bicicleta	Fiets
Campeonato	Kampioenschap
Entrenador	Trainer
Equipo	Team
Estadio	Stadion
Ganador	Winnaar
Gimnasia	Gymnastiek
Gimnasio	Gymnasium
Golf	Golf
Hockey	Hockey
Juego	Spel
Jugador	Speler
Movimiento	Beweging
Nadar	Zwemmen
Tenis	Tennis

Dinosaurios
Dinosaurussen

Spanish	Dutch
Alas	Vleugels
Carnívoro	Carnivoor
Cola	Staart
Desaparición	Verdwijning
Enorme	Enorm
Especie	Soort
Evolución	Evolutie
Fósiles	Fossielen
Grande	Groot
Herbívoro	Herbivoor
Mamut	Mammoet
Omnívoro	Omnivoor
Poderoso	Krachtig
Prehistórico	Prehistorisch
Presa	Prooi
Raptor	Roofvogel
Reptil	Reptiel
Tamaño	Grootte
Tierra	Aarde
Vicioso	Vicieuze

Disciplinas Científicas
Wetenschappelijke Discip

Spanish	Dutch
Anatomía	Anatomie
Arqueología	Archeologie
Astronomía	Astronomie
Biología	Biologie
Bioquímica	Biochemie
Botánica	Plantkunde
Ecología	Ecologie
Fisiología	Fysiologie
Geología	Geologie
Inmunología	Immunologie
Lingüística	Taalkunde
Mecánica	Mechanica
Meteorología	Meteorologie
Mineralogía	Mineralogie
Neurología	Neurologie
Nutrición	Voeding
Psicología	Psychologie
Química	Chemie
Sociología	Sociologie
Zoología	Zoölogie

Días y Meses
Dagen en Maanden

Spanish	Dutch
Abril	April
Agosto	Augustus
Año	Jaar
Calendario	Kalender
Domingo	Zondag
Enero	Januari
Febrero	Februari
Jueves	Donderdag
Julio	Juli
Junio	Juni
Lunes	Maandag
Martes	Dinsdag
Mes	Maand
Miércoles	Woensdag
Noviembre	November
Octubre	Oktober
Sábado	Zaterdag
Semana	Week
Septiembre	September
Viernes	Vrijdag

Ecología
Ecologie

Spanish	Dutch
Clima	Klimaat
Diversidad	Diversiteit
Especie	Soort
Fauna	Fauna
Flora	Flora
Global	Globaal
Hábitat	Habitat
Marino	Marinier
Montañas	Bergen
Natural	Natuurlijk
Naturaleza	Natuur
Pantano	Moeras
Plantas	Planten
Sequía	Droogte
Sostenible	Duurzaam
Supervivencia	Overleving
Variedad	Variëteit
Vegetación	Vegetatie
Voluntarios	Vrijwilligers

Edificios
Gebouwen

Spanish	Dutch
Albergue	Herberg
Apartamento	Appartement
Castillo	Kasteel
Cine	Bioscoop
Embajada	Ambassade
Escuela	School
Estadio	Stadion
Fábrica	Fabriek
Garaje	Garage
Granero	Schuur
Granja	Boerderij
Hospital	Ziekenhuis
Hotel	Hotel
Laboratorio	Laboratorium
Museo	Museum
Observatorio	Observatorium
Supermercado	Supermarkt
Teatro	Theater
Torre	Toren
Universidad	Universiteit

Emociones
Emoties

Aburrimiento	Verveling
Agradecido	Dankbaar
Alegría	Vreugde
Alivio	Opluchting
Amor	Liefde
Avergonzado	Beschaamd
Calma	Kalm
Contenido	Inhoud
Emocionado	Opgewonden
Ira	Woede
Miedo	Angst
Paz	Vrede
Relajado	Ontspannen
Satisfecho	Tevreden
Simpatía	Sympathie
Sorpresa	Verrassing
Ternura	Tederheid
Tranquilidad	Rust
Tristeza	Droefheid

Escalada
Klimmen

Altitud	Hoogte
Atmósfera	Atmosfeer
Botas	Laarzen
Casco	Helm
Cueva	Grot
Estabilidad	Stabiliteit
Estrecho	Smal
Experto	Deskundige
Físico	Fysiek
Formación	Opleiding
Fuerza	Kracht
Guantes	Handschoenen
Guías	Gidsen
Lesión	Letsel
Mapa	Kaart
Senderismo	Wandelen
Terreno	Terrein

Escuela #1
School #1

Alfabeto	Alfabet
Almuerzo	Lunch
Amigos	Vrienden
Aprender	Leren
Aula	Klaslokaal
Biblioteca	Bibliotheek
Carpetas	Mappen
Escritorio	Bureau
Examen	Quiz
Exámenes	Examens
Lápiz	Potlood
Libros	Boeken
Marcadores	Markeringen
Matemática	Wiskunde
Números	Cijfers
Papel	Papier
Plumas	Pennen
Profesor	Leraar
Respuestas	Antwoorden
Silla	Stoel

Escuela #2
School #2

Académico	Academisch
Autobús	Bus
Biblioteca	Bibliotheek
Calendario	Kalender
Ciencia	Wetenschap
Diccionario	Woordenboek
Educación	Onderwijs
Gramática	Grammatica
Juegos	Games
Lápiz	Potlood
Lectura	Lezen
Libros	Boeken
Literatura	Literatuur
Mochila	Rugzak
Ordenador	Computer
Papel	Papier
Profesor	Leraar
Ropa	Kleren
Suministros	Benodigdheden
Tijeras	Schaar

Especias
Specerijen

Agrio	Zuur
Ajo	Knoflook
Amargo	Bitter
Anís	Anijs
Azafrán	Saffraan
Canela	Kaneel
Cebolla	Ui
Clavo	Kruidnagel
Comino	Komijn
Curry	Kerrie
Dulce	Zoet
Hinojo	Venkel
Jengibre	Gember
Nuez Moscada	Nootmuskaat
Pimentón	Paprika
Pimienta	Peper
Regaliz	Drop
Sabor	Smaak
Sal	Zout
Vainilla	Vanille

Exploración
Exploratie

Actividad	Activiteit
Agotamiento	Uitputting
Animales	Dieren
Aprender	Leren
Coraje	Moed
Culturas	Culturen
Desconocido	Onbekend
Descubrimiento	Ontdekking
Determinación	Bepaling
Distante	Ver
Emoción	Opwinding
Espacio	Ruimte
Idioma	Taal
Nuevo	Nieuw
Peligroso	Gevaarlijk
Salvaje	Wild
Terreno	Terrein
Viaje	Reis

Familia
Familie

Abuela	Grootmoeder
Abuelo	Opa
Antepasado	Voorouder
Esposa	Vrouw
Gemelos	Tweeling
Hermana	Zus
Hermano	Broer
Hija	Dochter
Infancia	Jeugd
Madre	Moeder
Marido	Man
Nieto	Kleinzoon
Niño	Kind
Niños	Kinderen
Padre	Vader
Paterno	Vaderlijk
Sobrina	Nicht
Sobrino	Neef
Tía	Tante
Tío	Oom

Flores
Bloemen

Amapola	Papaver
Diente de León	Paardebloem
Gardenia	Gardenia
Girasol	Zonnebloem
Hibisco	Hibiscus
Jazmín	Jasmijn
Lavanda	Lavendel
Lila	Lila
Lirio	Lelie
Magnolia	Magnolia
Margarita	Madeliefje
Narciso	Narcis
Orquídea	Orchidee
Pasionaria	Passiebloem
Peonía	Pioenroos
Pétalo	Bloemblad
Ramo	Boeket
Rosa	Roos
Trébol	Klaver
Tulipán	Tulp

Formas
Vormen

Arco	Boog
Bordes	Randen
Cilindro	Cilinder
Círculo	Cirkel
Cono	Kegel
Cuadrado	Vierkant
Cubo	Kubus
Curva	Curve
Esfera	Bol
Esquina	Hoek
Hipérbola	Hyperbool
Lado	Kant
Línea	Lijn
Oval	Ovaal
Pirámide	Piramide
Polígono	Veelhoek
Prisma	Prisma
Rectángulo	Rechthoek
Ronda	Ronde
Triángulo	Driehoek

Fruta
Fruit

Aguacate	Avocado
Albaricoque	Abrikoos
Baya	Bes
Cereza	Kers
Coco	Kokosnoot
Frambuesa	Framboos
Guayaba	Guave
Kiwi	Kiwi
Limón	Citroen
Mango	Mango
Manzana	Appel
Melocotón	Perzik
Melón	Meloen
Naranja	Oranje
Nectarina	Nectarine
Papaya	Papaja
Pera	Peer
Piña	Ananas
Plátano	Banaan
Uva	Druif

Gatos
Katten

Cazador	Jager
Cola	Staart
Curioso	Nieuwsgierig
Dormir	Slaap
Garra	Klauw
Gracioso	Grappig
Hilo	Garen
Independiente	Onafhankelijk
Juguetón	Speels
Loco	Gek
Pata	Poot
Piel	Bont
Poco	Klein
Ratón	Muis
Rápido	Snel
Salvaje	Wild
Tímido	Verlegen

Geografía
Geografie

Altitud	Hoogte
Atlas	Atlas
Ciudad	Stad
Continente	Continent
Hemisferio	Halfrond
Isla	Eiland
Latitud	Breedtegraad
Longitud	Lengtegraad
Mapa	Kaart
Mar	Zee
Meridiano	Meridiaan
Montaña	Berg
Mundo	Wereld
Norte	Noorden
Oeste	Westen
País	Land
Región	Regio
Río	Rivier
Sur	Zuiden
Territorio	Grondgebied

Geología
Geologie

Ácido	Zuur
Calcio	Calcium
Capa	Laag
Caverna	Grot
Continente	Continent
Coral	Koraal
Cristales	Kristallen
Cuarzo	Kwarts
Erosión	Erosie
Estalactita	Stalactiet
Estalagmitas	Stalagmieten
Fósil	Fossiel
Géiser	Geiser
Lava	Lava
Meseta	Plateau
Minerales	Mineralen
Piedra	Steen
Sal	Zout
Terremoto	Aardbeving
Volcán	Vulkaan

Granja #1
Boerderij #1

Abeja	Bij
Agricultura	Landbouw
Agua	Water
Arroz	Rijst
Burro	Ezel
Caballo	Paard
Cabra	Geit
Campo	Veld
Cuervo	Kraai
Fertilizante	Mest
Gato	Kat
Heno	Hooi
Miel	Honing
Perro	Hond
Pollo	Kip
Semillas	Zaden
Ternero	Kalf
Tierra	Land
Vaca	Koe
Valla	Hek

Granja #2
Boerderij #2

Agricultor	Boer
Animales	Dieren
Cebada	Gerst
Colmena	Bijenkorf
Comida	Voedsel
Cordero	Lam
Fruta	Fruit
Granero	Schuur
Huerto	Boomgaard
Leche	Melk
Llama	Lama
Maíz	Maïs
Oveja	Schaap
Pastor	Herder
Pato	Eend
Prado	Weide
Riego	Irrigatie
Tractor	Tractor
Trigo	Tarwe
Vegetal	Groente

Herboristería
Herbalisme

Ajo	Knoflook
Albahaca	Basilicum
Aromático	Aromatisch
Azafrán	Saffraan
Calidad	Kwaliteit
Culinario	Culinair
Eneldo	Dille
Estragón	Dragon
Flor	Bloem
Hinojo	Venkel
Ingrediente	Ingrediënt
Jardín	Tuin
Lavanda	Lavendel
Mejorana	Marjolein
Menta	Munt
Perejil	Peterselie
Planta	Plant
Romero	Rozemarijn
Sabor	Smaak
Verde	Groen

Insectos
Insecten

Abeja	Bij
Avispa	Wesp
Avispón	Horzel
Áfido	Bladluis
Cigarra	Cicade
Cucaracha	Kakkerlak
Escarabajo	Kever
Gusano	Worm
Hormiga	Mier
Larva	Larve
Libélula	Libel
Mantis	Bidsprinkhaan
Mariposa	Vlinder
Mosquito	Mug
Polilla	Mot
Pulga	Vlo
Saltamontes	Sprinkhaan
Termita	Termiet

Instrumentos Musicales
Muziekinstrumenten

Armónica	Mondharmonica
Arpa	Harp
Banjo	Banjo
Clarinete	Klarinet
Fagot	Fagot
Flauta	Fluit
Gong	Gong
Guitarra	Gitaar
Mandolina	Mandoline
Marimba	Marimba
Oboe	Hobo
Pandereta	Tamboerijn
Percusión	Percussie
Piano	Piano
Saxofón	Saxofoon
Tambor	Trommel
Trombón	Trombone
Trompeta	Trompet
Violín	Viool
Violonchelo	Cello

Jardín
Tuin

Arbusto	Struik
Árbol	Boom
Banco	Bank
Césped	Gazon
Estanque	Vijver
Flor	Bloem
Garaje	Garage
Hamaca	Hangmat
Hierba	Gras
Huerto	Boomgaard
Jardín	Tuin
Malezas	Onkruid
Manguera	Slang
Pala	Schop
Porche	Veranda
Rastrillo	Hark
Suelo	Bodem
Terraza	Terras
Trampolín	Trampoline
Valla	Hek

Juguetes
Speelgoed

Ajedrez	Schaak
Arcilla	Klei
Artesanía	Ambachten
Avión	Vliegtuig
Barco	Boot
Bicicleta	Fiets
Bola	Bal
Camión	Vrachtauto
Coche	Auto
Cometa	Vlieger
Favorito	Favoriet
Imaginación	Verbeelding
Juegos	Games
Libros	Boeken
Muñeca	Pop
Pinturas	Verf
Robot	Robot
Rompecabezas	Puzzel
Tambores	Drums
Tren	Trein

Libros
Boeken

Autor	Auteur
Aventura	Avontuur
Colección	Collectie
Contexto	Context
Dualidad	Dualiteit
Escrito	Geschreven
Historia	Verhaal
Histórico	Historisch
Humorístico	Humoristisch
Inventivo	Inventief
Lector	Lezer
Literario	Literair
Narrador	Verteller
Novela	Roman
Página	Bladzijde
Pertinente	Relevant
Poema	Gedicht
Poesía	Poëzie
Serie	Serie
Trágico	Tragisch

Literatura
Literatuur

Analogía	Analogie
Análisis	Analyse
Anécdota	Anekdote
Autor	Auteur
Biografía	Biografie
Comparación	Vergelijking
Conclusión	Conclusie
Descripción	Omschrijving
Diálogo	Dialoog
Estilo	Stijl
Ficción	Fictie
Metáfora	Metafoor
Narrador	Verteller
Novela	Roman
Poema	Gedicht
Poético	Poëtisch
Rima	Rijm
Ritmo	Ritme
Tema	Thema
Tragedia	Tragedie

Mamíferos
Zoogdieren

Ballena	Walvis
Burro	Ezel
Caballo	Paard
Camello	Kameel
Canguro	Kangoeroe
Cebra	Zebra
Conejo	Konijn
Coyote	Coyote
Delfín	Dolfijn
Elefante	Olifant
Gato	Kat
Gorila	Gorilla
Jirafa	Giraf
Lobo	Wolf
Mono	Aap
Oso	Beer
Oveja	Schaap
Perro	Hond
Toro	Stier
Zorro	Vos

Mascotas
Huisdieren

Agua	Water
Cabra	Geit
Cachorro	Puppy
Cola	Staart
Collar	Kraag
Comida	Voedsel
Conejo	Konijn
Garras	Klauwen
Gatito	Katje
Gato	Kat
Hámster	Hamster
Lagarto	Hagedis
Loro	Papegaai
Patas	Poten
Perro	Hond
Pescado	Vis
Ratón	Muis
Tortuga	Schildpad
Vaca	Koe
Veterinario	Dierenarts

Matemáticas
Wiskunde

Aritmética	Rekenkundig
Ángulos	Hoeken
Circunferencia	Omtrek
Cuadrado	Vierkant
Decimal	Decimaal
Diámetro	Diameter
Ecuación	Vergelijking
Esfera	Bol
Exponente	Exponent
Fracción	Fractie
Geometría	Geometrie
Números	Cijfers
Paralelo	Parallel
Perpendicular	Loodrecht
Polígono	Veelhoek
Radio	Straal
Rectángulo	Rechthoek
Simetría	Symmetrie
Triángulo	Driehoek
Volumen	Volume

Mediciones
Metingen

Altura	Hoogte
Ancho	Breedte
Byte	Byte
Centímetro	Centimeter
Decimal	Decimaal
Grado	Graad
Gramo	Gram
Kilogramo	Kilogram
Kilómetro	Kilometer
Litro	Liter
Longitud	Lengte
Masa	Massa
Metro	Meter
Minuto	Minuut
Onza	Ons
Peso	Gewicht
Profundidad	Diepte
Pulgada	Inch
Tonelada	Ton
Volumen	Volume

Meditación
Meditatie

Aceptación	Aanvaarding
Atención	Aandacht
Calma	Kalm
Claridad	Helderheid
Compasión	Mededogen
Emociones	Emoties
Felicidad	Geluk
Gratitud	Dankbaarheid
Mental	Mentaal
Mente	Geest
Movimiento	Beweging
Música	Muziek
Naturaleza	Natuur
Observación	Observatie
Paz	Vrede
Pensamientos	Gedachten
Perspectiva	Perspectief
Postura	Houding
Respiración	Ademhaling
Silencio	Stilte

Mitología
Mythologie

Arquetipo	Archetype
Celos	Jaloezie
Cielo	Hemel
Comportamiento	Gedrag
Creación	Creatie
Creencias	Overtuigingen
Criatura	Wezen
Cultura	Cultuur
Deidades	Godheden
Desastre	Ramp
Fuerza	Kracht
Guerrero	Krijger
Héroe	Held
Laberinto	Doolhof
Leyenda	Legende
Monstruo	Monster
Mortal	Sterfelijk
Rayo	Bliksem
Trueno	Donder
Venganza	Wraak

Mueble
Meubels

Alfombra	Tapijt
Almohada	Kussen
Banco	Bank
Cama	Bed
Cojines	Kussens
Colchón	Matras
Cortinas	Gordijnen
Cómoda	Dressoir
Edredones	Dekbedden
Escritorio	Bureau
Espejo	Spiegel
Estantería	Boekenkast
Estantes	Planken
Futón	Futon
Hamaca	Hangmat
Lámpara	Lamp
Silla	Stoel
Sillón	Fauteuil

Naturaleza
Natuur

Abejas	Bijen
Animales	Dieren
Ártico	Arctisch
Belleza	Schoonheid
Bosque	Bos
Desierto	Woestijn
Dinámico	Dynamisch
Erosión	Erosie
Follaje	Gebladerte
Glaciar	Gletsjer
Niebla	Mist
Nubes	Wolken
Pacífico	Rustig
Refugio	Schuilplaats
Río	Rivier
Salvaje	Wild
Santuario	Heiligdom
Sereno	Sereen
Tropical	Tropisch
Vital	Vitaal

Nutrición
Voeding

Amargo	Bitter
Apetito	Eetlust
Calidad	Kwaliteit
Calorías	Calorieën
Carbohidratos	Koolhydraten
Cereales	Granen
Comestible	Eetbaar
Dieta	Dieet
Equilibrado	Evenwichtig
Fermentación	Fermentatie
Líquidos	Vloeistoffen
Nutriente	Voedingsstof
Peso	Gewicht
Proteínas	Eiwitten
Sabor	Smaak
Salsa	Saus
Salud	Gezondheid
Saludable	Gezond
Toxina	Toxine
Vitamina	Vitamine

Números
Getallen

Catorce	Veertien
Cero	Nul
Cinco	Vijf
Cuatro	Vier
Decimal	Decimaal
Diecinueve	Negentien
Dieciocho	Achttien
Dieciséis	Zestien
Diecisiete	Zeventien
Diez	Tien
Doce	Twaalf
Dos	Twee
Nueve	Negen
Ocho	Acht
Quince	Vijftien
Seis	Zes
Siete	Zeven
Trece	Dertien
Tres	Drie
Veinte	Twintig

Océano
Oceaan

Alga	Algen
Anguila	Aal
Arrecife	Rif
Atún	Tonijn
Ballena	Walvis
Barco	Boot
Camarón	Garnaal
Cangrejo	Krab
Coral	Koraal
Delfín	Dolfijn
Esponja	Spons
Mareas	Getijden
Medusa	Kwal
Ostra	Oester
Pescado	Vis
Pulpo	Octopus
Sal	Zout
Tiburón	Haai
Tormenta	Storm
Tortuga	Schildpad

Paisajes
Landschappen

Cascada	Waterval
Cueva	Grot
Desierto	Woestijn
Estuario	Estuarium
Géiser	Geiser
Glaciar	Gletsjer
Iceberg	Ijsberg
Isla	Eiland
Lago	Meer
Laguna	Lagune
Mar	Zee
Montaña	Berg
Oasis	Oase
Pantano	Moeras
Península	Schiereiland
Playa	Strand
Río	Rivier
Tundra	Toendra
Valle	Vallei
Volcán	Vulkaan

Países #2
Landen #2

Albania	Albani
Australia	Australië
Austria	Oostenrijk
Dinamarca	Denemarken
Etiopía	Ethiopië
Francia	Frankrijk
Grecia	Griekenland
Indonesia	Indonesië
Irlanda	Ierland
Jamaica	Jamaica
Japón	Japan
Laos	Laos
México	Mexico
Pakistán	Pakistan
Portugal	Portugal
Rusia	Rusland
Siria	Syrië
Sudán	Soedan
Ucrania	Oekraïne
Uganda	Oeganda

Pájaros
Vogels

Avestruz	Struisvogel
Águila	Adelaar
Cigüeña	Ooievaar
Cisne	Zwaan
Cuco	Koekoek
Cuervo	Kraai
Flamenco	Flamingo
Ganso	Gans
Garza	Reiger
Gaviota	Meeuw
Gorrión	Mus
Halcón	Havik
Huevo	Ei
Loro	Papegaai
Paloma	Duif
Pato	Eend
Pelícano	Pelikaan
Pingüino	Pinguïn
Pollo	Kip
Tucán	Toekan

Pesca
Vissen

Agua	Water
Aletas	Vinnen
Barco	Boot
Branquias	Kieuwen
Cable	Draad
Cebo	Aas
Cesta	Mand
Cocinar	Kok
Equipo	Apparatuur
Exageración	Overdrijving
Gancho	Haak
Lago	Meer
Mandíbula	Kaak
Océano	Oceaan
Paciencia	Geduld
Peso	Gewicht
Playa	Strand
Río	Rivier
Temporada	Seizoen

Piratas
Piraten

Ancla	Anker
Aventura	Avontuur
Bandera	Vlag
Brújula	Kompas
Capitán	Kapitein
Cicatriz	Litteken
Cueva	Grot
Espada	Zwaard
Isla	Eiland
Leyenda	Legende
Loro	Papegaai
Malo	Slecht
Mapa	Kaart
Monedas	Munten
Oro	Goud
Peligro	Gevaar
Playa	Strand
Ron	Rum
Tesoro	Schat
Tripulación	Bemanning

Plantas
Installaties

Arbusto	Struik
Árbol	Boom
Bambú	Bamboe
Baya	Bes
Bosque	Bos
Botánica	Plantkunde
Cactus	Cactus
Fertilizante	Mest
Flor	Bloem
Flora	Flora
Follaje	Gebladerte
Frijol	Boon
Hiedra	Klimop
Hierba	Gras
Hoja	Blad
Jardín	Tuin
Musgo	Mos
Pétalo	Bloemblad
Raíz	Wortel
Vegetación	Vegetatie

Playa
Strand

Arena	Zand
Arrecife	Rif
Azul	Blauw
Barco	Boot
Cangrejo	Krab
Costa	Kust
Isla	Eiland
Laguna	Lagune
Mar	Zee
Nadar	Zwemmen
Océano	Oceaan
Paraguas	Paraplu
Sandalias	Sandalen
Sol	Zon
Toalla	Handdoek
Vacaciones	Vakantie
Velero	Zeilboot

Profesiones #1
Beroepen #1

Abogado	Advocaat
Astrónomo	Astronoom
Atleta	Atleet
Bailarín	Danser
Banquero	Bankier
Bombero	Brandweerman
Cartógrafo	Cartograaf
Cazador	Jager
Doctor	Dokter
Editor	Editor
Embajador	Ambassadeur
Enfermera	Verpleegster
Entrenador	Trainer
Fontanero	Loodgieter
Geólogo	Geoloog
Joyero	Juwelier
Músico	Muzikant
Pianista	Pianist
Psicólogo	Psycholoog
Veterinario	Dierenarts

Profesiones #2
Beroepen #2

Agricultor	Boer
Astronauta	Astronaut
Biólogo	Bioloog
Cirujano	Chirurg
Dentista	Tandarts
Detective	Detective
Filósofo	Filosoof
Fotógrafo	Fotograaf
Ilustrador	Illustrator
Ingeniero	Ingenieur
Inventor	Uitvinder
Investigador	Onderzoeker
Jardinero	Tuinman
Lingüista	Linguïst
Médico	Arts
Periodista	Journalist
Piloto	Piloot
Pintor	Schilder
Profesor	Leraar
Zoólogo	Zoöloog

Rellenar
Om in te Vullen

Bandeja	Dienblad
Barril	Vat
Bolsillo	Zak
Botella	Fles
Caja	Doos
Cajón	Lade
Carpeta	Map
Cartón	Karton
Cesta	Mand
Cubo	Emmer
Cuenca	Bekken
Jarrón	Vaas
Maleta	Koffer
Paquete	Pakje
Sobre	Envelop
Tarro	Pot
Tubo	Buis

Restaurante #1
Restaurant #1

Alergia	Allergie
Café	Koffie
Cajero	Kassier
Camarera	Serveerster
Carne	Vlees
Cocina	Keuken
Comer	Eten
Comida	Voedsel
Cuchillo	Mes
Ingredientes	Ingrediënten
Menú	Menu
Pan	Brood
Picante	Pittig
Plato	Bord
Pollo	Kip
Postre	Toetje
Reserva	Reservering
Salsa	Saus
Servilleta	Servet
Tazón	Kom

Restaurante #2
Restaurant #2

Agua	Water
Almuerzo	Lunch
Aperitivo	Voorgerecht
Bebida	Drank
Camarero	Ober
Cena	Diner
Cuchara	Lepel
Delicioso	Heerlijk
Ensalada	Salade
Especias	Specerijen
Fruta	Fruit
Hielo	Ijs
Huevos	Eieren
Pastel	Cake
Pescado	Vis
Sal	Zout
Silla	Stoel
Sopa	Soep
Tenedor	Vork
Verduras	Groente

Ropa
Kleding

Abrigo	Jas
Blusa	Blouse
Bufanda	Sjaal
Camisa	Shirt
Chaqueta	Jasje
Cinturón	Riem
Collar	Ketting
Delantal	Schort
Falda	Rok
Guantes	Handschoenen
Joyas	Sieraden
Moda	Mode
Pantalones	Broek
Pijama	Pyjama
Pulsera	Armband
Sandalias	Sandalen
Sombrero	Hoed
Suéter	Trui
Vestido	Jurk
Zapato	Schoen

Selva Tropical
Regenwoud

Anfibios	Amfibieën
Botánico	Botanisch
Clima	Klimaat
Comunidad	Gemeenschap
Diversidad	Diversiteit
Especie	Soort
Indígena	Inheems
Insectos	Insecten
Mamíferos	Zoogdieren
Musgo	Mos
Naturaleza	Natuur
Nubes	Wolken
Pájaros	Vogels
Preservación	Behoud
Refugio	Toevlucht
Respeto	Respect
Restauración	Restauratie
Selva	Jungle
Supervivencia	Overleving
Valioso	Waardevol

Senderismo
Wandelen

Acantilado	Klif
Agua	Water
Animales	Dieren
Botas	Laarzen
Camping	Kamperen
Cansado	Moe
Clima	Klimaat
Cumbre	Top
Guías	Gidsen
Mapa	Kaart
Montaña	Berg
Mosquitos	Muggen
Naturaleza	Natuur
Orientación	Oriëntatie
Parques	Parken
Pesado	Zwaar
Piedras	Stenen
Preparación	Voorbereiding
Salvaje	Wild
Sol	Zon

Suministros de Arte
Kunstbenodigdheden

Aceite	Olie
Acrílico	Acryl
Acuarelas	Aquarellen
Agua	Water
Arcilla	Klei
Borrador	Gom
Caballete	Ezel
Cámara	Camera
Cepillos	Borstels
Colores	Kleuren
Creatividad	Creativiteit
Ideas	Ideeën
Lápices	Potloden
Mesa	Tafel
Papel	Papier
Pasteles	Pastel
Pegamento	Lijm
Pinturas	Verf
Silla	Stoel
Tinta	Inkt

Surf
Surfen

Arrecife	Rif
Atleta	Atleet
Campeón	Kampioen
Clima	Weer
Diversión	Plezier
Espuma	Schuim
Estilo	Stijl
Estómago	Maag
Extremo	Extreem
Fuerza	Kracht
Multitudes	Menigte
Nadar	Zwemmen
Océano	Oceaan
Ola	Golf
Playa	Strand
Popular	Populair
Principiante	Beginner
Remo	Peddelen
Rociar	Spray
Velocidad	Snelheid

Tecnología
Technologie

Archivo	Bestand
Blog	Blog
Bytes	Bytes
Cámara	Camera
Cursor	Cursor
Datos	Gegevens
Digital	Digitaal
Estadísticas	Statistiek
Fuente	Lettertype
Internet	Internet
Investigación	Onderzoek
Mensaje	Bericht
Navegador	Browser
Ordenador	Computer
Pantalla	Scherm
Seguridad	Veiligheid
Software	Software
Virtual	Virtueel
Virus	Virus

Tiempo
Tijd

Ahora	Nu
Antes	Voor
Anual	Jaarlijks
Año	Jaar
Ayer	Gisteren
Calendario	Kalender
Década	Decennium
Día	Dag
Futuro	Toekomst
Hora	Uur
Hoy	Vandaag
Mañana	Ochtend
Mediodía	Middag
Mes	Maand
Minuto	Minuut
Momento	Moment
Noche	Nacht
Reloj	Klok
Semana	Week
Siglo	Eeuw

Tipos de Cabello
Haartypes

Blanco	Wit
Brillante	Glimmend
Calvo	Kaal
Corto	Kort
Delgada	Dun
Gris	Grijs
Grueso	Dik
Largo	Lang
Marrón	Bruin
Negro	Zwart
Ondulado	Golvend
Plata	Zilver
Rizado	Krullend
Rizos	Krullen
Rubio	Blond
Saludable	Gezond
Seco	Droog
Suave	Zacht
Trenzado	Gevlochten
Trenzas	Vlechten

Vacaciones #2
Vakantie #2

Aeropuerto	Luchthaven
Carpa	Tent
Destino	Bestemming
Extranjero	Buitenlander
Fotos	Foto'S
Hotel	Hotel
Isla	Eiland
Mapa	Kaart
Mar	Zee
Ocio	Vrije Tijd
Pasaporte	Paspoort
Playa	Strand
Reservas	Reserveringen
Restaurante	Restaurant
Taxi	Taxi
Transporte	Vervoer
Tren	Trein
Vacaciones	Vakantie
Viaje	Reis
Visa	Visum

Vehículos
Voertuigen

Ambulancia	Ambulance
Autobús	Bus
Avión	Vliegtuig
Balsa	Vlot
Barco	Boot
Bicicleta	Fiets
Camión	Vrachtauto
Caravana	Caravan
Coche	Auto
Cohete	Raket
Ferry	Veerboot
Helicóptero	Helikopter
Lanzadera	Shuttle
Metro	Metro
Motor	Motor
Neumáticos	Banden
Submarino	Onderzeeër
Taxi	Taxi
Tractor	Tractor
Tren	Trein

Verano
Zomer

Alegría	Vreugde
Amigos	Vrienden
Buceo	Duiken
Comida	Voedsel
Estrellas	Sterren
Familia	Familie
Hogar	Huis
Jardín	Tuin
Juegos	Games
Libros	Boeken
Mar	Zee
Música	Muziek
Nadar	Zwemmen
Ocio	Vrije Tijd
Playa	Strand
Recuerdos	Herinneringen
Relajación	Ontspanning
Sandalias	Sandalen
Vacaciones	Vakantie
Viaje	Reis

Verduras
Groenten

Ajo	Knoflook
Alcachofa	Artisjok
Apio	Selderij
Berenjena	Aubergine
Brócoli	Broccoli
Calabaza	Pompoen
Cebolla	Ui
Ensalada	Salade
Espinacas	Spinazie
Guisante	Erwt
Jengibre	Gember
Nabo	Raap
Oliva	Olijf
Patata	Aardappel
Pepino	Komkommer
Perejil	Peterselie
Rábano	Radijs
Seta	Paddestoel
Tomate	Tomaat
Zanahoria	Wortel

Virtudes #1
1 Jaar Geleden

Apasionado	Gepassioneerd
Artístico	Artistiek
Bien	Goed
Curioso	Nieuwsgierig
Decisivo	Beslissend
Eficiente	Efficiënt
Encantador	Charmant
Fiable	Betrouwbaar
Generoso	Gul
Gracioso	Grappig
Independiente	Onafhankelijk
Inteligente	Intelligent
Limpio	Schoon
Modesto	Bescheiden
Paciente	Patiënt
Práctico	Praktisch
Sabio	Wijs
Útil	Behulpzaam

Enhorabuena

Lo has conseguido!

Esperamos que hayas disfrutado de este libro tanto como nosotros al diseñarlo. Nos esforzamos por crear libros de la máxima calidad posible.
Esta edición está diseñada para proporcionar un aprendizaje inteligente, de calidad y divertido!

¿Te ha gustado este libro?

Una Petición Sencilla

Estos libros existen gracias a las reseñas que se publican.
¿Podrías ayudarnos dejando una reseña ahora?
Aquí tienes un breve enlace a la página de reseñas

BestBooksActivity.com/Opiniones50

¡DESAFÍO FINAL!

Reto n°1

¿Estás listo para tu juego gratis? Los utilizamos siempre, pero no son tan fáciles de encontrar. ¡Aquí están los **Sinónimos!**

Escribe 5 palabras que hayas encontrado en los rompecabezas (#21, #36, #76) y trata de encontrar 2 sinónimos para cada palabra.

Escriba 5 palabras del **Puzzle 21**

Palabras	Sinónimo 1	Sinónimo 2

Escriba 5 palabras del **Puzzle 36**

Palabras	Sinónimo 1	Sinónimo 2

Escriba 5 palabras del **Puzzle 76**

Palabras	Sinónimo 1	Sinónimo 2

Reto n°2

Ahora que te has calentado, escribe 5 palabras que hayas encontrado en los Puzzles 9, 17 y 25 e intenta encontrar 2 antónimos para cada palabra. ¿Cuántos puedes encontrar en 20 minutos?

Escriba 5 palabras del **Puzzle 9**

Palabras	Antónimo 1	Antónimo 2

Escriba 5 palabras del **Puzzle 17**

Palabras	Antónimo 1	Antónimo 2

Escriba 5 palabras del **Puzzle 25**

Palabras	Antónimo 1	Antónimo 2

Reto n°3

¡Genial! Este desafío final no es nada para ti.

¿Preparado para el reto final? Elige 10 palabras que hayas descubierto en los diferentes rompecabezas y escríbelas a continuación.

1.	6.
2.	7.
3.	8.
4.	9.
5.	10.

Ahora escribe un texto pensando en una persona, un animal o un lugar que te guste.

Puedes usar la última página de este libro como borrador.

Tu Composición:

CUADERNO DE NOTAS :

HASTA PRONTO !

Todo el Equipo

DESCUBRA JUEGOS GRATIS

GO

↓

BESTACTIVITYBOOKS.COM/FREEGAMES